温州大典

歷代古籍編

經部

影鈔元刊本六書故

〔宋〕戴侗撰

第四册

中華書局

六書故
十六卷
八九
經

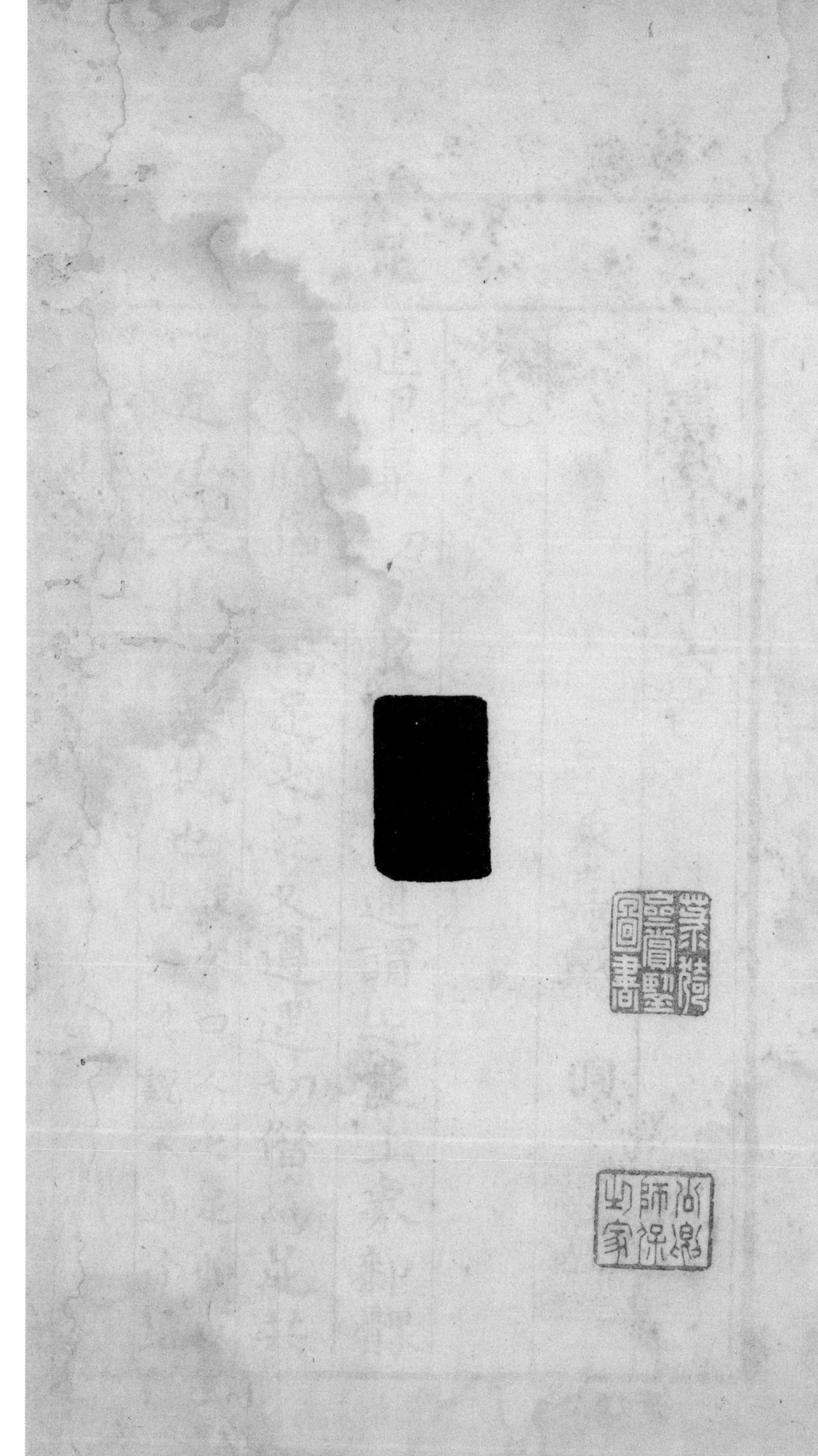

六書故弟十六

永嘉戴　侗

人九

足

足卪粟切自股脛而下通謂之足上象郄髁下象跖僭爲給足之足又遵遇切僭爲足共之足足共佞僞象共也說文曰人之足也从止口其說不通徐鍇曰口象股脛形按止與𡳿乃生於足

止 屮

足之指事

止祗㠯切屮孫氏他達切跖也象足掌指形止

又止屮夂止也說文曰下坖也象艸木出有址故㠯止爲足按足辵𣥠步之屬皆从止止乃足非取象於艸進木正義奪於餘義故又作趾加足非

止由足故不行因謂之止止居一身之下

故引之又爲坖止詩云止坖乃理別作址說文曰坖也又作阯

步　陟

止之指事

步盤布切乡又兩足代𡕒爲步中人之度一𡕒足复周三尺再𡕒足复周八尺故一𡕒足爲跬再𡕒足爲步於今爲六尺

步之指事

陟竹力切步𨸏爲陟升也說文古文𨺅

涉 歲

涉 昔攝切步水爲涉 说文作𣻢从沝

步之諧聲

歲 相芮切日步也日之行天始於南陸氐至之日曰底于南陸自是始北至中夏而日窮于北陸自北夏南至中氐而夏底于南陸凡三百有六旬有六日而日之行一周謂之一歲故

中𢆶爲一之曰一之曰歲之始也故謂之正歲周禮歲𢆶則令群吏致事正歲各帥𠀤屬而觀治象正月之吉始和布治亐邦國都鄙使萬民觀治象𥁋先官府而後萬民先𣫍逆而後邦國都鄙𣫍逆官府冇歲會之事皆訖於歲𢆶正月之元淸明閒暇然後

可㠯肇維新之政也書言中冬平在朔易詩云十月蟋蟀入我牀下嗟我婦子曰爲改歲入此室処皆於十一月改歲也周官凌人正歲十有二月令斬冰謂十一月十二月皆可取冰也禾生於旾成於秋旾作夏長秋斂冬藏人事周而复始故秊从禾亖旹

周爲一秊也歲㠯紀天步故始於中冬秊㠯敘人事故始於孟旾周官大史掌正歲秊㠯敘事此歲秊之辨也康成㠯正歲爲孟旾夏之正月正月爲中冬周之正月於始和不㝵其說則曰言始和者猶若改造云尒於凌人不㝵其說則又㠯季冬爲正歲皆曲而不通

癶

大曰十

癶　北末切足兩張有所撥除也說文曰足剌癶云

登　𣥠

也別作蹬

癶之龤聲

豋都滕切伯曰升也从癶豆省聲說文曰上車也𤼷籀文

𣥠色入切兩足相距𣥠不行也亦作澀

水涸行艱因謂之澀味苦澀亦謂之澀別作澀又色洽切楔也鄭司農注周禮曰三澀之令可𣪠移

辵

康成曰周人之葬牆置翣檀弓置翣康成曰㠯木衣布如攝

止之會意

辵丑略切循道疾行也說文引公羊傳曰辵階而走今本作躇陸氏曰一本作辵通作蹈詩云䡊爨蹈蹈又作𨗨遛說文辵乍行乍止也遛迹遛也𨗨䢌𨗨也一曰行也

辵止之會意

小六六

逵

逵渠追切大道也凡大道必就高坴故从坴衢逵聲義略同詩云肅肅兔罝施于中逵傳曰入自皇門至于逵路亦通作馗爾雅曰九達謂之逵

道

辵之䛐聲

䢍徒皓切衜古文路也道路人所共行也故从辵亦从行中庸曰天命之謂

性率性之謂道天之所命人物之所性有常理矣通遠邇達古今之所共由猶遷三方行者之有道路也故因而命之曰道先人曰密察之謂理通達之謂道夫道原於天達乎萬物無所如而不有道焉故孔子曰誰能出不由戶何莫由斯道也孟子曰夫道

若大路肰古之言道者葢如此自李耳氏始㠯虛無沖漠爲道其言曰有物混成先天地生宋兮寥兮獨立而不改周行而不殆吾不知其名字之曰道曰道生一一生二二生三三生萬物曰天法道道法自肰其爲言微妙高深若不可加者而實畔於聖人

由㚔𡕒而來至亐孔孟未嘗有是言也夫一𤯓二二𤯓三順是而下𤯓𤯓不息而萬物彤焉行於萬物者道也故一者道之所自出自一㠯徃道之所行一也上又何有焉易曰一侌一昜之謂道侌昜气也一侌一昜道也天地之道不踰於兩兩者竝行而𤯓

生不息故曰立天㞢道曰侌與昜立地㞢道曰柔與剛立人㞢道曰仁與義人道莫大乎仁義仁義也者逹可行㞢道也不㠯逹可行者爲道而㠯虛無沖漠爲道是猶不㠯康莊衢術爲道路而㠯蒼莽壙埌無所適从者爲道路也不亦外乎聖人不佗大道

壅塞百家之言各自穿穴㠯爲徑術李耳氏之𨑢始㠯是自尊高而天下亦从而尊之謂其學曰道家嗚呼孰知其爲大不道也乎釋氏之說實出於李耳削禦寂而尤務爲超絕脫離吾黨之士雖攻其邪而未能出其玄故道德性命之說窮極微眇離形气

而獨𠀆道與器貳行與言𤣥君子小人倀倀焉莫知𨘢从君臣父子兄弟夫婦失其倫天地失其位萬物失其性學之不明豈小故哉六書非小學也侗故因先訓而簡論之道也之謂道古聲語曰道千乘之國曰道之已悳又稱述亦謂之道大學曰如切如

通
達

礤者道學也有斐君子兑不可諼兮者道盛悳至善民之不能忘也孟子道性善陳相見孟子道許行之言

𨖚他紅切道路通徹無㫬也

䢌唐割切通也又他達切恣肆不循理道也詩云挑兮達兮說文達行不相遇也引詩挑兮達兮或作达或曰迭也

迪 遂

廸亭歷切順道而達也故爲順爲達爲道迪達葢同聲

䢟徐醉切行而遂𠕋他達也事旣遂因曰遂語曰遂事不諫偕爲鄉遂之遂周官王國内有八鄉外有六遂又家爲鄰又鄰爲里三里爲酇又酇爲鄙又鄙爲縣又縣爲遂又爲溝洫周

遵　述　遹

禮曰夫間有遂遂上有徑一耦之伐廣尺深尺謂之甽田首倍之廣二尺深二尺謂之遂遂小溝也

遵將倫切循道而行也

述食律切循已行之迹也　𨗈籀文

遹拖隻切行有所之也因之爲遹然之遹謂行而遹相偶也㝵其所如因

謂之適書云民不適有居又丁歷切意向所主也孔子曰君子之於天下也無適也無莫也傳曰一國三公吾誰適从引之則元妃謂之適妻適妻之所生謂之適子適子之妻謂之適婦别作嫡又借為追適之適陟革切别作謫又借為仇敵之適亭歷切

造　邁　逝　進　逞

造七到切詣也又在早切偕爲造作之造說文曰艁古文

邁莫敗切遠行也或作𨘢

逝昔制切長往也

進卽刃切行前也說文曰閵省聲按隹有隶隹之音於進聲龤

逞丑郢切肆行也又作徎

過　隨迎逆

小卅八

過古卧切行度越也過不及之義生焉過之曰過去聲

隨旬爲切从也隨从同聲

迎魚京切輅來者也又去聲

逆魚戟切迎逆同聲其義亦同說文曰關東曰逆關西曰迎侗謂逆之致敬曰迎令通吕此爲屰順之屰

迓　迎　遇　逢　遭

迓吾駕切迎迓聲同其義一也通作

輅御訝

遡蘇故切迎肯也

遇元具切行相直也

逢筏容切遇也又蒲紅切詩云鼉鼓

逢逢狀鼓聲也

遭臧曹切逢也一曰邐行也

遘 邂 逅 遻

小十七

遘居候切遇也

邂下賣切逅下茸切邂逅行遻相直

也古偕用解后

遻五各切卒相遇鍔遻也因之爲驚

遻之義又作愕噩周禮有噩夢杜子書曰

噩當爲驚愕之愕或曰从㗊玉聲漢書群臣皆驚鄂

失色偕用鄂字又五故切逢也楚辭

迨　追

曰重粤不可遝莊周曰遝物而不慴別作适 逄牾

迨蕩亥切又去聲趣及也詩云迨其今兮曰迨冰未泮曰迨我暇矣曰迨天之未侌雨又作隷類篇合迨與隶爲一非也迨者趣及於未至之先隶者追及於既去之後詩云葬云不隶二字之用判然

追陟惟切追逐去者也又假借都回

逐　遣　廷

切詩云其追其貊毛氏曰追貊貊狄國也

逐直六切驅逐也說文从豚省徐鍇曰豚走而豕追之按許徐之說鑿而不通且遯已从豚逐乃豕聲

遣去演切發之使去也又去聲遣有遣奠遣車是也因之為遣何遣責別作譴見言部

廷于放切傳曰曰其過此也君使子

巡　運　還

㞷廷勞於東門之外杜氏曰往也又假借爲欺廷居況切詩云無信人之言人實廷女傳曰子無我廷今作誑

巡松倫切周行省眡也亦作巡巡狩之巡徐氏讀養純切非又逡巡欲進不進也

運王問切旋轉也

還佀緣切反也與旋通又胡關切反

遶 遍 辿 遜 遯

其故所也

遶尒沼切行旋繞也

遍北薦切行周帀也亦作徧又借用

辯字

辿想氏切與也說文曰或作𢓊㞫古文

遜蘇困切避夻也十單作孫

遯迖困切潛逃也又作遁又作遂

逃逋逭避迸透

逃徒刀切脫去也

逋奔模切逃亾也說文籒文逋

逭胡玩切脫避也說文或作爟

避毗義切行有所引避也古通作辟

迸北爭切去聲切奔迸㪔去也

透他候切建度也引之為穿透之透亦作透

遮 迾 邏 遏 速 遄 遽

小廿九

遮之奢切徼闌也

迾力制良辥二切列遮也

邏郎左切徼巡也又去聲

遏阿葛切遮閼行者也與閼通

速蘇谷切行疾也說文曰遬籀文⿱欶言古文从言

遄市緣切速也

遽其據切亟行倉皇也因之爲傳遽

丁

迫遏迮遒

傳曰使遽告于鄭

迫愽陌切脅近也

逼彼側切行相迫也與偪通

迮側伯切迫蹙也

遒徐由切說文曰迫也孫愐曰盡也書曰遒人以木鐸徇于路詩云三國是遒毛氏曰固也鄭氏曰斂也又曰百祿是遒毛氏曰聚也楚辭曰

近　遹

歲忽忽而遒盡又曰分曹竝進遒相迫按破斧言三國是皇是吪乃驚皇驚吪之義說文訓迫爲近之歲忽忽而遒盡亦此意也毛鄭固歛之訓未然百祿是遒疑與佀先公酋矣之酋同久也遒从辵亦未見有聚義

訢巨謹切不遠也又去聲附近之也

𣥂古文

邇忍氏切近也說文曰邇古文眂又自有逐字近也孫氏

遲　逗　迪　邐

人質切

䢜直尼切行徐也遲已待之爲遲㕕聲說文遲籒文从犀或作遅

逗大透切亭䨮也

迪演尒切衺迪也書曰東迪北會于

匜亦作迤

邐輦尒切漸靡也

邅　選

邅張連切䢫蹇也易曰屯如邅如別作儃楚辭曰入溆浦予儃回又作驙說文駗張人切驙馬載重難也引易乘馬驙如又作邅說文曰趁邅也

迸須沇切弱足行不力選耎也借爲簡選之選或曰選過閱也故从辵簡中者畱之不中者罷之所謂選也傳曰秦后子有寵於桓如二君於景其

遴　遠　遐

毋曰弗忞恖選在選爲選厺聲

遴良刃切說文曰行難也說文引易己往遴或

作僯从人按遴選皆有蔪各意

遠雨阮切不近也說文曰遠古文遠之之謂

遠厺聲

遐何加切遠也又借爲胡何之遐詳

見胡下表記引詩遐不謂矣作瑕鄭氏

遼 遙 逖 迢 迂

曰瑕胡也

遼憐蕭切紆遠也

遙余招切遠匽也

逖他歷切離遠也又作逷春秋傳曰

豈敢離逷

迢田聊切道遠行迢遰也

迂云俱切紆遠也

邈　迥　遹

邈墨角切，道遠望之邈邈也。說文新附古通用藐。

迥户茗切，深遠也。

遹允律切，回曲也。詩云：謀猶回遹。又曰：回遹其悳。又曰：潰潰回遹。毛氏曰：辟也。書曰：祗遹乃文考。馬氏曰：述也。又爲發語辭。詩云：文王有聲，遹駿有聲。遹求厥

大日四九

邊 邊

盜遹覲厥成又曰匪棘其欲遹追來孝（鄭氏曰述也疑與聿同）

逴竹角敕角二切（說文曰遠也一曰蹇也）楚辭曰逴絶垠亏寒門又曰春秋逴逴而日高史記曰與騎逴行眛遠而糧不絶漢書單作卓（與踔通用又作趠）

邊卑眠切旁行也因之爲邊邊旁邊鄙

遞　迭　遝　迄

遞大計切傳代也古單作代

迭徒結切更代互進也

遝徒合切合沓幷進也正當作沓說文迨也遝迨也

迄許訖切幾至也詩云已迄于今又曰迄用有成曰迄用康年通作汔易曰汔至亦未繘井又曰小狐汔濟詩

大日五三

辻　迷

云汔可小康

辻同都切無車步行也易曰賁其止舍車而辻故其用又與特同辻但特獨轂相近義相通也車行必有辻故又為辻衆辻黨之義

詸民罕切惑不知道也俗已隱語為迷去聲轂別作謎㥝㥸

遺　逑　逿

遺夷隹切行有所忘失也有所畱与因謂之遺去聲書曰用叓遺後人休故饋詒因曰遺

逑渠尤切說文曰斂聚也詩云君子好逑與仇通毛氏曰匹也又曰㠯爲民逑毛氏曰合也鄭氏曰合聚也

逿徒浪切又平聲行不循道也通作

蕩史記倉公傳曰重昜者遏心主徐廣音唐盪也漢王式佯醉遏墜師古曰失據而倒也音蕩按顏音爲是

逄皮江切孟子逄蒙學弢於羿類篇塞也

迒戶江切獸蹊也說文曰獸迹也或作蹊

适古活切說文曰疾也語有南宮适

遰內則曰又佩管遰康成曰刀鞞也陸氏音去切徐

遟　逘　迒

氏作滯疑卽蹛字僭用

辵也疑

䢇吐内切卻也衲古文說文㣯从彳从日从夂遟古文或作衲

遜穌弄切行者逘之也說文曰从㑌省遜籒文不省㑌逘也孫氏㠯證切

迒說文从辵从六六亦聲古之適人㠯木鐸記詩言讀與記同孫氏居

吏切詩云徍迈王舅詩作近鄭氏音記朱子曰辭也令从斤誤

赱 趨

止也鍇殸

赱則苟切義不待釋赱其所曰赱去殸

赱也鍇聲

趨七須切趨七六切步也醫經曰人生十歲好赱二十好趨三十好步三十

趣

好坐又七六切速其趨也俗作促記曰衛音趨數煩志康成讀為促莊子曰有人於彼脩上而趨下通亦作趣漢傳曰局趣效轅下駒又側鳩切與掫通

趣倉苟切趨湊也書曰綴衣趣馬詩云濟濟辟王𠂇又趣之周官趣馬掌贊正良馬掌駕說之頒所趨向為趣

起　越　超

七慮切又七六切見趨下

起口己切說文曰能立也義不待釋

越王伐切踰越險阻也又作𨑨說文曰踰也又作䟻說文曰輕也又瑟底空名越記曰清廟之瑟朱絃而疏越又傳曰大路越席康成曰蒻蒲席也杜元凱曰結艸也陸氏曰戶括切

超敕宵切跳越高阻也

奔　赳　趙

奔逋昆切猋走有所避就也从夭走省卉聲古亦通作賁書云虎賁三百人亦作犇說文曰奔走也从夭賁省聲與走同意按賁𡔷皆㠯卉爲聲奔就爲奔去聲

赳居黝切趫走也詩云赳赳武夫公侯干城

趙治小切輕走也說文曰趨趙也詩云其鎛

趯 趡 趁 趫

斯趙㠯薅荼蓼毛氏曰刺也用為國名

趯 他歷切跳躍輕疌也詩趯趯阜螽

趡 千水切說文曰動也春秋公會邾儀父盟于趡揚雄賦曰神騰鬼趡博雅曰奔也類篇曰趡皃按類篇之說近是

趁 丑刃切隨及也說文曰䞡也讀若塵

趫 丘驕切高舉輕疌也說文曰善緣木走之才類

趲　趕　趟　趮

篇丑小切輕岙皃又作趬行輕也一曰舉足也

趲子罕切行弗相趣也

趕古旱切追逐也說文有赶舉尾岙也孫氏巨言切

趟中庚切雀躍狀也

趮子到切考工記矢人羽殺則趮鄭氏曰旁掉也

岙之疑

赴　歷　堂

赴芳遇切趨就也說文曰仆省聲按說文仆卜聲仆既可㠯卜爲聲赴亦當自㠯卜爲聲但卜與赴仆聲不諧尒有喪者奔告於君親因謂之赴別作訃

歷郎擊切涉級循次也推步曰月之行因謂之歷俗作曆

堂直庚丑庚二切距也與掌通止之疑

疋　此　些

疋所葅切說文曰足也从止上象腓腸弟子職曰問疋何止古文吕爲詩大疋字亦吕爲足字或曰胥字一曰足記也按弟子職恐即足字大足即大胥小胥也

此雌氏切此猶兹也斷也斷兹此聲相近說文曰止也从止从匕匕相次比也

此之疑

些穌个切說文曰語辭也从此从二見楚辭其義未詳按今俗

又吁穌遼切㠯
為鮮少之稱

正

正之性之成二切端也又為弓之正鵠
說文曰是也从一从止正古文从上足
古文从足足亦止也鄭敷仲曰乡氏曰
反正為乏正無義也正乃弓的也象形
乏藏矢之具也从反正正受矢而乏藏
矢故反正為乏或曰反正為丏丏蔽矢
短牆也正受矢而丏蔽矢故反正為丏
此亦反止為乏之義也按正之从一从
止既無義周禮王弓三矢九節五正詩
云兵曰弓矢不出正兮鄭康成曰儒家
云三尺曰正二尺曰鵠鵠乃用皮其大

如正此說失之正葢二又正鵠特不過規矦中㠯志弦正之文亦恐非其象周官服不氏㠯雉居之而待獲大弦儀之用革棗成曰獲者所㠯御矢也矦北面而張㠯受矢之南面而皆㠯御矢反正爲之則義有可言者但反正當爲丏譌爲之尒正月之正今人讀之丏聲說者謂避始皇之名不然正自有丏聲也詩云兗曰弦矦不出正兮與名清成甥劦丏聲與仁宗御名同音當音欲改正月爲端月一月有㠯丏聲爲言者遂不改然習俗至今㠯丏聲言正月也諫正之正別作証非

說文証諫也

乏　丏　是

正之轉注

乏筏法切說見正下在書傳又爲覂

乏之乏又丏彌沇切說文曰不見也象壅蔽之形按如說文壅蔽之說則正反之乏也其篆文稍異而聲絕不通沔賓麪皆㠯

丏爲聲

正之諧聲

是承旨切日正爲是反正爲非說文从日

踶　肻　歸

从正昰籀文徐鍇曰日中爲正是

是之諧聲

踶亐鬼切是也說文曰愇籀文

肻昨先切所向爲肻所北爲後从止从舟未喻說文曰不行而進謂之肻从止在舟上鑿而不通令俗書作前前非前从刀肻聲乃刀前也既已前爲肻後之肻故刀前之前再加刀作翦

歸居韋切反其家也說文曰女嫁也从止从婦省𠂤聲㱕

籒文 按婦人內夫家故謂嫁曰歸然父母家實其所自出也故其來寧亦曰歸嫁非歸之本義且从止亦未可曉

足之䯊聲

踝　踵

踝苦果戶瓦二切踵上兩旁圜骨也外向爲外踝內向爲內踝記曰負繩及踝

踵主勇切足後跟也別作踵僮說文喠跟也踵追也僮相迹也按追者迹去者之後因謂之踵非有二字

跟　跗　跖　跣

跟古頷切足根也或作峎

跗風無方遇二切足版上爲跗禮曰屨結亐跗康成曰跗足上也傳曰弢王太輈及鼓跗亦作趺䟆

跖之石切足掌也亦作蹠䟡說文曰跖足下也蹠楚人謂跳躍曰蹠戰國策曰蹠穿厀暴蹠因有蹻義史記曰蹠勁弩

跣穌典切裸足也

跬 踐 踏 蹈 躡

跬缺婢切司馬法曰一跬足爲跬再跬爲步又作蹞蹞趌說文趌半步也讀若跬足部乃無跬字

踐在衍切履也又作𧗴𢓜說文二字皆迹也

踏達合切又作蹋踐重於履蹋重於踐踏重於蹋

蹈大到切踏也搯足爲蹈

躡昵懾切足相履也

跆　躧　蹂　蹸　蹊

跆堂來切，恣踐也。漢書兵相跆藉。今俗呼若紿。

躧女屐切，[illegible]足踐之重也。莊周曰躧帀人之足。又曰輪不躧地。又作蹍。莊周曰凡道不欲壅，壅則哽，哽而不止則跈。廣雅曰本或作躧。

蹂人九切，往來踐之孰也。

蹸良刃切，足轢曰蹸，車曰轔。或作躪。

蹊戶禮切，踐也。傳曰牽牛㠯蹊人之田所

大日九十八

小三十二

跐　蹙

蹊成徑路因謂之蹊絃雞切孟子曰山徑之蹊間介然（亦互作徯月令曰塞徑徯）

跐淺氏切（又側氏阻買二切）跐猶蹈也莊周跐黄泉而登大皇列禦寇曰躇步跐蹈

蹙子六切足端蹙物也記曰己足蹙路馬芻有誅又作蹴孟子曰蹴爾而与之乞人不屑也引之爲蹙迫爲蹙聚爲蹙縮頻蹙

跦　蹜

蹙頞謂蹙聚眉閑也又七宿切說文蹴躡也孫氏七宿切新附有蹙迫也孫氏子六切李善曰蹙蹴通孟子曰曾西蹵然謂收斂蹴縮也別作拀說文曰愁然也引孟子作曾西愁然

跦他歷迏歷二切平行也說文曰行平易也引詩詩云跦跦周道鞫爲茂艸又子六切行恭不安皃語曰跦踖如也

蹜所六切行不疌止也語曰足蹜蹜如有

循古通作宿記曰執龜玉舉歬曳踵蹜蹜如也陸氏曰本或作宿

蹻舉夭切說文曰舉足行高也踝下因謂之蹻外踝下曰昜蹻內踝下曰侌蹻因之爲武健之義詩云蹻蹻王之造又曰其馬蹻蹻又作趫說文曰善緣木走之才又訖約切詩云老夫灌灌小子蹻蹻謂其無知高蹈也又屨下

踽　蹺　蹐

峗錐吕行山也亦作屩

踽顆羽俱羽二切行無侶皃說文曰疏行皃引詩詩云獨行踽踽孟子曰行何爲踽踽涼涼

蹺丘幺切舉足也

蹐資昔切踧蹐行𡴀不安皃語曰曼其佉踧蹐如也通作脊又作𨅬詩云謂地葢垕不敢不蹐毛氏曰絫足也說文曰小步也又與迹通詩云

踥　蹀　躞　跇

小四十九

執爨踏踏

踥子枼切又七枼切蹀迪枼託枼二切又作𨇨又作蹹躢說文曰𨇨𨇨足也躞悉劦切踥蹀蹀躞

躞蹀皆著進連步之皃楚辭曰衆踥蹀而曰進削子曰廉王蹀足顉延之馬賦曰望朝雲而蹀足

跇孫氏丑例切說文曰述也揚雄曰跇巒阬師古曰弋制切度也

躍　踊

亦作迣从辵漢天馬歌曰迣萬里

躣權俱切說文曰行皃楚辭曰又蒼龍之躣躣

踊尹竦切跳聲予起也别作𧼮說文踊跳也𧼮喪辟踊也又作踴水滕踊本作踊漢書曰水泉踊出又作涌又刖者之屨謂之踊春秋傳亝景公繁於刑有粥踊者晏子告公曰踊貴屨賤刖者

大目五十九

躍　跳　蹋

踶踊如踊故因吕名之也

躍弋灼切跳去聲也厺爲躍小爲踊躍厺其所踊不離其所傳曰距躍三百曲踊三百

又作趯說文曰踊也

跳田軿切踊也又作䟫說文跳蹶也一曰躍也䟫雀行也又作𨅔按說文踊躍跳皆从㚒非

又吐弔切躍也

蹋𢿬玉切小踊也又直肉切或作蠋

踉　蹌　踟

踉呂張切跳踉高蹈也

蹌千羊切雀躍也書云鳥獸蹌蹌言鳥獸聞樂而率舞蹌蹌然也或作蹡牄說文曰蹌動也蹡行皃牄鳥獸來食聲

踟陳知切躕陳如切踟躕次且歬郤不忍去之皃詩云愛而不見搔首踟躕踟或作峙跱跢躕或作躇䠧亦通作跦

蹢　跦　蹐　跅　踢

小五十三

蹢陳畱切蹢躅猶踟躕也蹢踟同聲

跦追輸重朱二切雀躍不肯皃傳曰鸜鵒跦跦

蹐子末切行相迫蹙也

跅闥各切行不循道也漢書曰跅弛之士顏師古曰無檢局也

踢他歷切蹙之力也又式灼切漢書曰河靈矍踢

躁　躐　躋　踰

躁則到切鼔動輕擾也又作趮說文曰疾也徐鉉曰作躁非又作譟說文曰擾也

躐力涉切越級也記曰毀宗躐行又曰學不躐等說文無躐字通作獵

躋戔西切升也又作隮見𠂤部

踰羊朱切超越也盜者或穿窬或踰垣牆故謂穿踰別作窬又作逾書云逾亏洛孔氏曰越

躔　蹤　跡

也又曰無敘昬逾

躔澄延切步也說文曰踐也日月叉壘之步因謂之躔

蹤卽容切足所从迹也古正作从傳曰茍伯不憂从杜氏曰不憂故道說文無蹤字从車部有蹤曰車迹也徐鉉曰令俗作蹤非

跡資昔切足跡也又作迹蹟迹籀文

路

蹹洛故切人所共由也說文曰从足从各按路人所共由从各無義季曰各聲也度有度與迲各二音莫有莫與慕各二音簿有簿音胳有胳與在各二音作有作與祖故二音錯有錯與倉故二音各有各與古度二音路輅賂皆己各爲聲周官川上有路康成曰路容三軌車因謂之路王之五路玉路金路象路革路木路亦作輅正門爲路門正輴爲路輴正寢爲路寢大鼓爲路鼓皆取其中正通達之義

躩 蹲 跧 踆

躩屈縛厥縛二切足卷曲皃語曰足躩如也

蹲徂尊切曲股去也又作踄傳曰蹲甲而射之又徂丸切又作躦類篇曰聚足皃又七倫切詩云蹲蹲舞我毛氏曰舞皃或作壿

跧踆莊緣逡緣阻頑三切跧踆之義一也莊子曰紀他踆于窾水公羊傳曰靈公呼

踞　跪　跽　跨

獒而屬之祁彌明逆而踆之絕其頷何氏曰以足逆蹋曰踆

踞居御切蹲足坐也

跪巨委切又苦委切下兩厀著地也

跽渠几切厀立也說文曰長跪也別作㠱⿰月危

跨枯化切苦故二切張兩足以跨也故兩足之閒謂之跨下漢書韓信俛出跨下別作胯骻

蹔　跫　蹕　跰

又佗跨跨說文曰跨渡也跨踞也跨奎也按行遇塹瀆者跨越之跨非渡也跨者或大或跪不可專言踞袴之叚名由此集韻曰兩股間曰跨

蹔臧濫切大不久也亦佗暫說文暫不久也無蹔字

跫渠容丛共二切莊周曰聞人足音跫然而喜矣

蹕壁吉切止行者也說文佗趕从走止行也一曰竈上祭名

跰蒲眠卑眠二切躚相然切跰躚行步敧

躚　蹣　跚　蹭　蹬　蹉

危兒莊周曰子輿病跰躚而鑑于井崔誤本作邊躚司馬氏曰病不能行故跰躚也又作蹁躚

蹣謨官蒲官二切跚相干切蹣跚猶跰躚也亦作槃散史記曰有躄者槃散行汲蹣又作跘⿰⻊般

蹭七鄧切蹬徒亙切蹭蹬行不先也

蹉七何切跎徒何切蹉本作差差池也跎

跎　踶　蹁　　　踿　跋

跎逗也蹉跎之為言慦逗也

踶丑㞚切或作跈蹁敉㑿切踶蹁一足行皃

莊子曰夔謂蚿曰吾己一足踶蹁而行蹁

又音卓史記曰遼東蹁遠通作遍或迁弔

切韓還之曰一曰蹁數千里說文踶也孫氏知教切

蹴蒲結切足交㑂也又踿跋踿蒲必切跋

方勿切古詩曰健兒須快馬快馬須健兒

壹　蹟

䟆跋紅壓下䟆跋蹻健皃也類篇蒲計切蹴也蒲結切足擊也

疐丁三陟利二切行有罥礙也叀省聲詩云狼犮其胡載疐其尾毛氏曰跲也說文礙不行也又作躓

躓陟利切行有罥戾失足也傳曰見老人結艸己亢杜回杜回躓而顛說文曰跲也按說文躓跲也引詩載躓其尾疑卽疐字別作跮

跌　躛　跲

佐　卄六

跌迭結切失足蹉跌也曰下昊因謂之跌亦作眣周禮景夕鄭司農曰謂日跌景乃中引之則凡蹉跌者皆通謂之跌又因之爲跌蕩別作胅駃說文曰跌踼也踼跌踼也胅骨蹉也駃馬有足瘊也

躛于歲切過蹉也說文曰衛也傳曰是躛言也杜氏曰過也字林作𢖻夢言意不慧也別又作讆又吁怪戶快二切

跲極業切中庸曰言前定則不跲說文曰躓也皇

𨇾

㔷讀說去切又說業切一曰代也

𨇾居月切頓仆也孟子曰今夫𨇾者趨者是气也傳曰是謂蹷其本又曰推而蹷之弩之彊者足𨇾而張之謂之𨇾張記曰兩手摳衣去齊尺衣毋撥足毋𨇾謂足不可胃觸躓頓也或作蹷說文曰跳也又作蹶又居衛切𨇾者驚遽𨇾然而起也詩云文王𨇾厥生又

踣　踠　䟜　蹇

曰善士蹶蹶又曰天之方蹶

踣蒲北切僵仆也傳曰與晉踣之又作𧺆

踠烏臥切足跌傷骨䇧也亦作踠說文曰足跌也

類篇折足也

䟜奴骨切足挫傷也

蹇紀偃切行步艱蹇也易曰蹇難也險在前也又曰王臣蹇蹇匪躬之故言王臣所

跛　躄

蹇之艱棘也楚辭曰予固知謇謇之爲患兮忍而不能舍也佀吕謇謇爲患諫後來承楚辭遂有謇諤之說別立讆譅譢字楚非

跛補火切足長短偏也又彼義切記曰立無跛又作𨁓康成曰立偏任也說文曰跛行不正也彼蹇也按跛彼特一字

躄匹亦匹蔑二切跛躄也記曰瘖聾跛躄陸氏曰兩足不能行也說文躄不能行也从止按削子躄者槃㪙行汲躄非不能行

大八十

跔　　䠊　跰

也又作蹩說文曰踶也一曰跛也
莊子曰蹩躠為仁崔本作獘殺

跔權俱切天寒足卷跔也戰國策曰虎摯之士跿跔科頭

裴駰曰跳躍也集韻曰偏舉一足曰跿跔跿同都切伯氏曰跿从足走聲音跿跔

今俗所謂飜筋斗也

䠊苦本切說文曰瘃足也

跰古顯切足繭也莊周曰百舍重跰司馬氏曰

胝也說文曰獸足企也孫氏丕甸切類篇經天切久行傷足也一曰足指約中斷傷

踦　跂　躒

爲趼

踦居空切說文曰一足也漢書曰憂鴈門之踦公羊傳曰踦閭而語又檀弓童汪踦陸氏曰負綺切

跂去知去聲切說具企下

躒郎擊切春秋傳晉有張骼輔躒說文躒動也類篇歷各切逴躒超絕也

蹛　躧

蹛說文曰踶也孫氏當蓋切王莽皆有蹛惲已此爲娃又匈奴傳有蹛林匈奴祭處顏師古曰蹛者繞林而祭也又與滯通史記平準書曰留蹛無所食又曰蹛財役貧古今字詁曰卽令滯字也

躧所綺切說文曰舞履也亦作蹝孟子曰舜視棄天下猶棄敝蹝封禪書曰去妻子如脫躧又作屣別作䩕韊漢書暴勝之躧履起迎雋不疑顏師古曰履不著根曰躧謂曳履亟迎之

蹏　蹯　蹢

蹏杜兮切獸足曰蹏亦作蹄踶𨂍馬類皆己足彈擊因謂之踶莊周曰怒則分背相踶說文曰蹏足也踶躗也

蹯符袁切獸之爰噬者其足蹯傳曰宰夫胹熊蹯說文曰番獸足也从釆田象其掌𤲸古文或作蹞

蹢都歷切詩云有豕白蹢毛氏曰蹄也又直隻切用爲蹢躅之蹢蹢躅蹢踊類蹢近於躍躅

距

近於踊

距臼許切雞爪也鬥則用距傳曰季郈之雞鬥郈氏爲之金距故引之則爲格距扞距書曰丕距朕行又曰距于河孟子曰距詖行距楊墨又引之則自此距彼謂之距書曰予決九川距四海濬畎澮距川亦作歫說文曰止也一曰超距也

蹼　趹　跑　行

大、五十八

蹼 愽木切鳧雁駢跖爲蹼禽雅曰鳧鴈醜其足蹼其踵企 疏曰足指間有幕相著飛則申其腳跟企直也

趹 烏穴切馬後足抉地也戰國策曰秦馬之良探前趹後蹄閒三尋

跑 薄交切又蒲角切獸前足搯地也 又作趵

行 户剛户庚二切 書傳行皆户郎切易與詩雖有合韻者然行未嘗有劦庚韻者慶皆去羊切未嘗有劦映韻者如野之上與切下之後五切皆古正音與今異

彳

佐九十七

非合韻也象么又股脛代鼓行之義也道路因謂之行詩云寘彼周行又曰厭浥行露又曰遵彼微行曰嗟行之人曰行有死人皆謂路也又因之爲行削又下孟切身之所行爲行又下浪切行行剛彊皃也

行之省

彳孫氏丑亦切

亍孫氏丑又切

彳人人行省說文曰彳少步也象

廴　廷

人脛三屬相連也亍从反彳按行之从象人从足其又象又足非从反彳从之與又止之與止彳之與亍皆象手足之兩又與止取其又偏㔾為字母彳與亍取其从偏各取其便於書彳亍皆不成字古今無用者

彳之象形

廴余忍切說文曰長行也从彳引之

廴之龤聲

廷唐丁切又徒勁切堂下南除也㔾其寬

延

廣可爲武故取義於之說文曰廷朝中也庭宮中也按古者廷不屋故諸侯相朝雨霑衣失容則廢後世始屋之故加广焉其實一字也古者朝寢堂室通謂之宮廷在堂下許氏所謂朝中宮中亦不可曉鄭忠恕曰廷去聲本無亭音庭乃平聲不知古初無庭字也

之㞢疑

延弋然切於經傳爲延長遲延延引爲延客入㞢延皆取義於之从㢟則

未可曉說文又有延字曰安步延延也从廴从止孫氏丑連切延長行也从延丿聲按書傳未嘗有用延字者且丿不成聲今不取

役

彳之會意

役營隻切戍役也殳㠯征行役之義也故因之爲迮役力役役使

徑

彳之諧聲

徑吉定切步道也周禮曰夫間有遂遂

征　徃　徂

上有徑康成曰徑容牛馬又曰步道曰徑小道徑達故因之爲徑直之義又作逕陘莊子曰鼪鼬之逕楊子曰山陘之蹊

𨑓諸盈切行也說文作𨑓正行也因之爲征伐

征訍孟子曰征之爲言正也非本義又因之爲征求

徃于兩切行夳也說文古文䢪

徂叢租切徃也說文作𨑢籒文𨗨人能因謂之

循　徇　徼

徂㞢者來而能者徃也書曰帝乃徂落別作䢐說文𨑘古文从能从㠯

循船倫切遵道也因之為揗循謂㠯手循之也

徇辭閏切周告也書曰遒人㠯木鐸徇于路周語曰王則大徇又作徇唐本旬聲徐本匀聲

徼堅堯切又伊消切要諸道也傳曰鄭

旣受盟于辰陵又徼事于晉鄭襄公徼
戒又曰𡉉兵口郕孟孺子速徼之又曰
我則不悳而徼怨于楚記曰小人行險
㠯徼幸謂違道行險㠯徼遇幸會猶曰
徼福也史記曰徼一旹權子貢曰惡徼
㠯爲知者竊本知末之謂知从㫗抄略
旻一二而自㠯爲知者子貢之所惡也

徬　徐　待　徯

俗已徼爲幸別作僥儌說文曰儌幸也又作邀邀因之爲徼巡之徼古弔切邊境必常巡邏故謂邊徼

徬蒲浪切輔行也周禮曰共兵車之牛與其牽徬康成曰人御之居前曰牽在旁曰徬

徐祥朱切緩行也說文作俆緩也

待遲止蕩亥二切止而須也

徯戶禮切待也又作傒說文又作謑待也徯或作蹊

律　御

律劣戌切行節也説文曰均布也易曰師出㠯律引之爲六律之律音節也後世因㠯爲灋律

御牛據切給侍厶又肴後也書云御事庶士又曰百尹御事曰侍御僕从曰御王冊命周官九嬪掌敎九御㠯昔御敘于王所御史掌贊書御僕掌群吏之逆

㣲

及庶民之憂大祭祀相盟而登掌王之燓令詩云我𨑒我御我師我旅又曰𨑒御嘽嘽士昏禮曰媵御沃盥交亦通用爲馭馬之馭說文專己此爲駕馭之馭誤矣周官駕馭之馭皆作馭侍御之御乃作御又魚駕切與迓通魚舉切與禦通

㣲無非切潛行也臧匿者因謂之㣲傳

彼 彴

曰白公奔山而縊其徒微之潛伺察者因謂之微漢書曰使人微知賊処別作覹說文覹司也凡微小隱細皆曰微微雨別作溦非又與非及無通非微無㲉相近詩云微我無酒微君之故

彼補靡切由此指他謂之彼

彴職略切孫愐曰橫木度水曰彴又𢓜角切爾雅曰奔

後　徹

望爲彴約

彳之疑

後胡口切厺則有⿱止月後行則有先後也說文曰从彳幺夂夂者後也𢓍古文徐鍇曰幺猶纚躓之也又厺聲

詩曰予曰有先後

徹敕列切直列切二切徹古文說文曰通也从彳从攴育聲按育非其聲⿰鬲攴疑自爲字从攴从鬲屏厺釜鬲徹饌之義也徹从彳⿰鬲攴聲鬲

大日卅八

云

譌爲肓耳詩云徹彼桑土毛氏曰剝也又曰徹我牆屋毛氏訓毀又曰天命不徹毛氏曰道也又曰廢徹不遲毛氏曰徹厺諸饌又曰徹田爲糧毛氏曰治也康成曰什一而稅謂之徹語曰三家者㠯雝徹孟子曰周人百畮而徹徹者徹也何晏曰通也一夫受田百畮同井之人通爲力佮計畮均收語曰民之徹官百韋昭曰逹也又曰陳士卒百人㠯爲徹

行韋昭曰百人通爲一行也又曰不敔徹聲按徹之用於書傳者其義是精諸儒隨句爲說故駁而不精徹从彳本言道路之通徹故凡通徹者皆曰徹百畝而徹者廣一步長百步爲畝其閒爲甽皆直徹亏遂由遂㠯徹亏溝洫澮巛故阡陌之制是牠馬什一之政是通馬其取之也通八

家之力己耕公田所謂徹田也徹官百官之旻自通于天子者也徹行百人通爲直行徹肯後也天命不徹天命不通徹也漢之徹侯避武帝諱改爲通侯樂之卒章謂之徹章語之徹聲皆此義也水之清者徹于底謂之清徹今作澈己上然敕削切惟百畞而徹直削切食饗既畢屏徹器皿亦謂

之徹廢徹不遲三家㠯雝徹是也因之爲徹除徹我牆屋是也俗作撤

行之䚢聲

術

術食律切小道也說文曰邑中道也記曰審端徑術漢書曰除城池邑居園囿術路又曰横術何廣廣引而申之凡小而通者皆曰術孟子曰是乃仁術也先人曰術小道也亝

王見牛而不忍其能其發雖微然昰心可
與適於仁也孟子又曰教亦多術矣記曰
樂正崇三術立三教古之言術者要皆遵
於正道而已矣自大道不明曲技小數巧
詐之法用於世然後謀術術數之說興焉
異乎古之所謂術矣

衢

衢其俱切通道也與逵通

街　衛　衙

街古龤切國邑中道令謂之街

衝昌容切又作衝衝道經緯徃來相直処也傳曰執戈逐之及衝引其義則凡衝突者皆曰衝車之衝城者曰衝車別作䡴說文曰㠯陳車也舟之外蔽而輕疌可攻衝者曰蒙衝別作艨艟又去聲衝之竆也

衙魚巨切說文曰行皃又牙加切類篇曰古者軍

行有乎尊者在後後人因以所治爲衙侗謂衙行削也軍行士卒衙削以朝夕於將帥故令謂之早晚衙唐之藩鎮皆開軍夜故因以治亏爲衙循襲之稱也旾秋秦地有彭衙

衎

衎空旱切又去聲徐行从容也因之爲衎樂易曰㱃食衎衎詩云嘉賓式燕以衎記曰居君之母與妻之喪居處言語㱃食衎爾亦作侃語曰孔子朝與下大夫言侃侃

衛　衒　卵

如也又曰冄有子貢侃侃如也說文曰侃剛直也从㐰从川㐰古文信从川取其不舍晝夜按侃非剛直孔子居鄉䜣䜣恂恂如也與下大夫言何事乎剛直冄有子貢亦未見其有剛直气象从㐰从川無義又作偘

衛乎劌切護行也易曰曰閑輿衛說文曰宿衛也唐本从从行从韋徐本从韋从帀从行行削衛也用爲國名

衒熒絹切行䛐賣也說文作衙从言或作衒

卵魯管切象人会椓獸亦有卵魚鳥昆蟲之

㲉 力

孚皆卵生通呂謂之

卵之龤聲

㲉徒玩切鳥卵中壞爲㲉淮南子曰鳥卵不㲉說文曰卵不孚也

力六直切象人筋力形按字之从力者或譌爲刀若勮作劇當从力从刀者或譌爲力若劵若勦若[illegible]皆當从刀也

力之會意

男　甥　舅

男那含切力田男事也

男之龤聲

甥所更切吾女之所生曰甥雖其孫猶謂之甥也

舅其久切謂吾甥者爲舅母之兄弟也引而申之凡異姓之屬亏父道者皆曰舅故夫之父爲舅妻之父爲外舅天子

謂同姓之國曰伯父叔父謂異姓之國曰伯舅叔舅記曰昏禮壻親迎見於舅姑舅姑承子㠯授壻妻之父曰舅故壻亦謂之甥孟子曰舜尚見帝帝館甥于貳室

劦

劦胡頰切合力也三力相从劦之義也引之則同心亦曰劦亦作協協勰說文曰協同心之和从心協衆之

加　劣　勢

同和勰同恖之和荔協皆从三力譌爲三力者非

加古牙切用力而助之㠯口加之義也與右同意凡增加者皆謂之加

劣力輟切少力之謂劣力之龤聲

勢始制切力之所乗爲勢男子血气之勢在侌女子在乳故侌亦謂之勢

勁 勇 勍 勝 動 勤

勁居正切亢健不撓也

勇尹竦切敢進也說文或作恿从心又作㦷从戈

勍渠京切彊力也傳曰勍敵之人勍彊聲

義葢相近

勝識烝切力堪勝也勝之之謂勝去聲

動杜緫切又作連義不待釋

勤渠巾切勉力不怠也又作懄懃㦴漢書曰㦴身从事晉灼

勉　勖　勞　劬

曰古勤字也

勉亡辨切加力也又作勔偭說文偭勉也

勖許玉切勉也說文曰冒聲鄭敷仲曰从力从冒會意按勖从冒無義冒有目墨音也

勞魯刀切作勦也說文从力熒省熒火燒门用力者勞𢡚古文从悉按許氏之說鑿而不通勞亦吕𤇾爲聲又杏聲

劬其俱切勤勞也勤劬聲相近劬重於勤

大百廿七

努　勃　勠　勑

努睌五切奮力也

勃蒲沒切努力皃也語曰勃如戰色亦作敦

又爲塊勃之勃亦作埻又勃海地名或作渤郣

勠力竹切并力也書曰與之勠力古通作

戮傳曰戮力同心

勑恥力切謹力也書曰勑我五典曰勑天

之命曰惟民其勑楙和說文勑勞也孫氏洛代切非勞來之

勸　劭　勱　助

来單作来或作徠與敕通說具敕下

勸去願切奬勵也引之則樂於盡力者亦曰勸記曰樂事勸功語曰使民敬忠㠯勸

劭實照切說文曰勉也

勱莫話切勉力肯邁也書曰用勱相我國家孔氏曰勉也

助牀據切左力也

大百七十

功　勳　辦　幼

功沽紅切庸也若所謂康功田功土功凡力役之所施是也功力既施厥有成績因謂之功周禮曰王功曰勳國功曰功民功曰庸事功曰勞治功曰力戰功曰多

勳許云切成功也

辦步莧切力能幹事也古無此字漢書通用辨字

幼乙繆切弱力也人生十年曰幼又烏皎

切幼眇細微也漢書曰閭幼眇之聲

飭

飭恥力切致力也周禮曰百工飭以八材說文曰从人从力食聲按飭飾餘皆以飤爲聲

勘

勘苦紺切力實也說文新附今用爲勘校勘覈

劾

劾紇旻切孫氏胡槩切劾猶覈也考劾其實曰劾說文曰灋有罪也

勦

勦楚交切从[illegible]勦取也記曰無勦說鄭氏曰猶

勩　勮　募　劼

擥也謂取人之說㠯爲己說也說文曰勞也引春秋傳安用勦民誤矣

勩余制切勞憊也

勮奇逆切用力罷極也又作𧮫漢書曰徼𧮫受詘說文曰務也孫氏其據切鄭璞曰疲極也音勮司馬貞曰楚人謂勞爲𧮫按說文新附有劇字从刀丸昰也乃力之譌因疲極而生丸昰義𦣻

募莫故切說文曰廣求也

劼吉黠苦八二切書云汝劼毖殷獻臣孔氏

曰固也說文曰慎也類篇曰用力也

劫

𠠲說業切㠯力脅制也說文曰从去从力人欲去㠯力止之曰劫按怯劫皆㠯去爲聲或作刧从刀莊周曰盜人不㝵劫俗多作刧从刀

鬼

鬼居偉切天曰神地曰示人曰鬼人之能也其魂魄爲鬼說文曰人所歸爲鬼从人象鬼頭鬼侌气賊害从厶䰠古文按人能則爲鬼鬼無形貌令有象當各象其生說文謂田爲鬼頭無稽又㠯厶爲侌气賊害

大日三十二

無義

魂魄

鬼之諧聲

魂戶昆切魄普百切子産曰人生始匕曰魄既生魄昜曰魂凡人之生昜气之神爲魂侌气之神曰魄肝藏魂肺藏魄魂彊能識魄彊能記記曰魄者鬼之盛也引而申之則日爲魂而月爲魄故生明爲生魄又

魃　魅

作𩴾見月部松脂入地狀如虎魄因㠯名之別作珀又假借肉𢿱謂之魄莫見內則康成注又落魄漢酈食其家貧落魄無衣食業鄭氏曰音薄應劭曰志行衰惡之皃顏師古曰失業無次也

魃蒲撥切旱鬼也詩云旱魃爲虐

魅明祕切又作鬽說文曰老物精也彔古文[illegible]籒文周官㠯夏日至致地示物鬽鄭氏曰百物之神曰

大日四十六

伯大

醜 䤬

小七十

鬽傳曰螭魅罔兩莫能逢之

醜昌九切說文曰可惡也偺爲醜類之醜易曰獲匪其醜無咎又曰夫征不復離群醜也記曰比物醜類

䤬市由切詩曰無我䤬兮毛氏曰弃也鄭氏曰惡也本亦作㱔又作𣪠或云鄭音醜朱子曰與醜同說文𣪠弃也周書㠯爲訧引詩無我𣪠兮

鬼之疑

魋　由　畏

魋杜回切㫺秋宋有桓魋又傳追切漢書尉佗魋結說文曰神獸也疑魋結之魋爲正義从隹鬼聲

由說文曰鬼頭也孫氏敷勿切象形按鬼㠯由爲聲疑別有義鬼與畏皆㠯爲聲

由之疑

畏於費切怖愳也說文曰从由虎省鬼頭而虎爪可畏也

又作畏畏又烏回切僭爲畏曲之畏考工記曰夫角之中恒當弓之畏別作隈

別作䚈說文曰䚈角曲中也孫氏烏賄切又烏賄切莊周曰山林之畏隹李頤曰山𠂤皃崔氏本作嵔

孫奎謹校

六書故弟十六

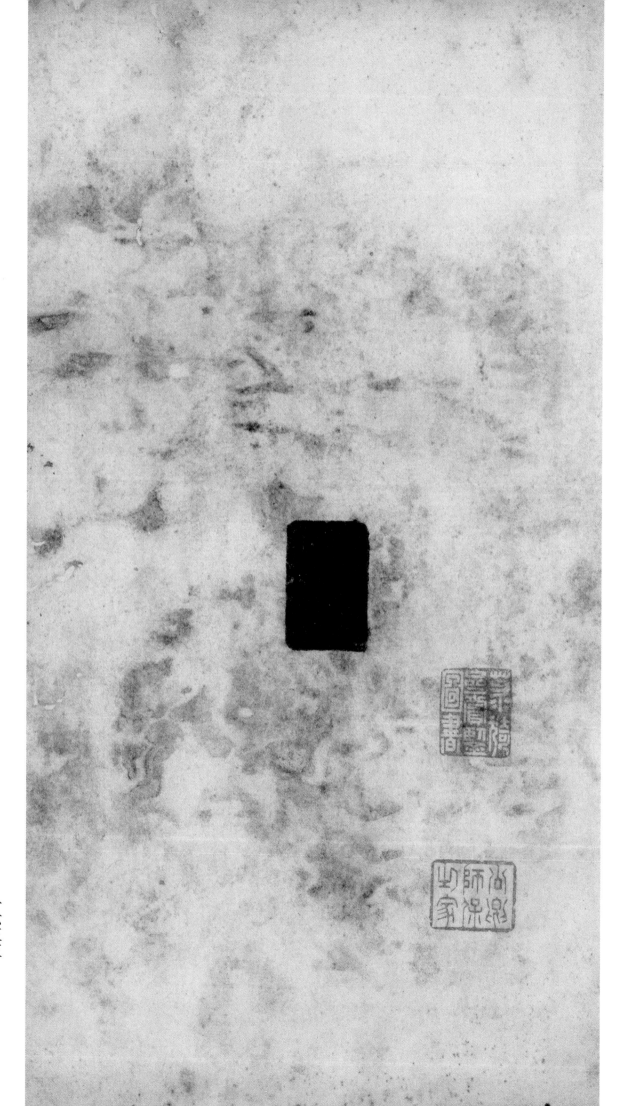

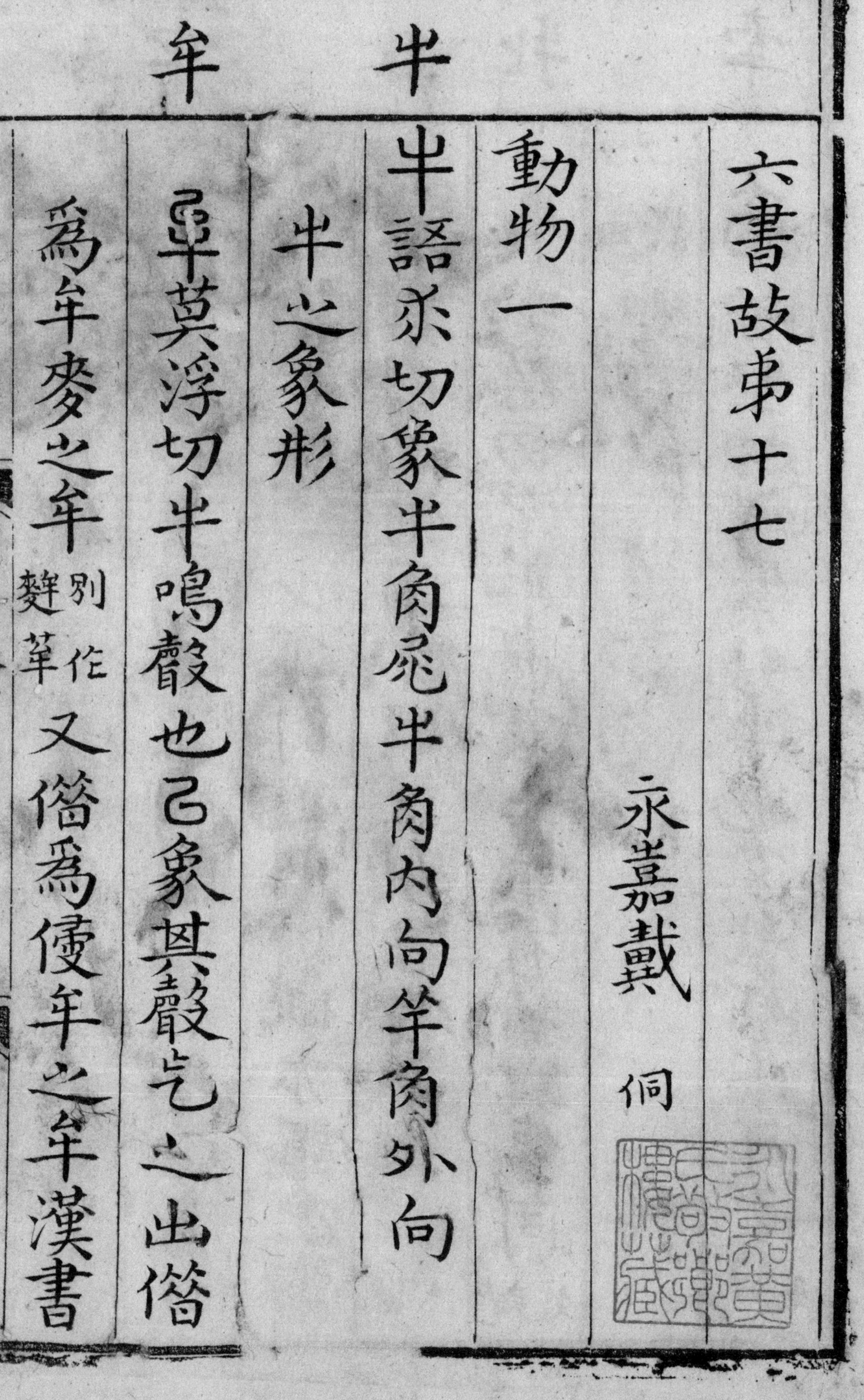

六書故弟十七

永嘉戴　侗

動物一

牛

牛語求切象牛角尾牛角内向羊角外向

牛之象形

牟

牟莫浮切牛鳴聲也𠃊象其聲气之出僭爲牟麥之牟（別作麰[illegible]）又僭爲侵牟之牟漢書

牢　牝　牽

侵牟萬民李奇曰食苗根蟲也別作恈

牢魯刀切牛閑也象閑圈之形牛羊豕曰太牢羊豕曰少牢引之則犴獄亦謂之牢言其固也廁圂亦謂之牢言其圂也別作窂

牝毗忍切字牛也象牛下有犢與麀同說文曰匕聲非

牽苦堅切㠯縻引牛也玄象縻索冂象軛

別作摟說文曰相爰也又作擥揚雄賦曰擥象犀所用㠯牽者曰

牽亦𤜌別作縴㯠

牛之會意

牷

牷从緣切牲之色純者也故从全全亦聲

周官掌共祭祀之牲牷凡沓祀之牲必用

牷物凡外祭毁事用尨

犇

大刁四十五

犇博昆切牛駭群奔也與奔通

小九十五

牧莫卜切吕攴从牛牧之義也攴亦聲凡畜養者皆曰牧因之爲牧民之牧州牧牧伯是也周官牧人掌牧六牲而阜蕃其物太宰九職四曰藪牧養蕃鳥獸牧在郊外小司徒經土地而井牧其田埜鄭司農曰井牧者春秋傳所謂井衍沃牧隰皐也康成曰隰皐之地九夫爲牧二牧當一井今造都鄙授民田有不易有一易有再易通率二而當一是謂之井牧按古人言井牧猶漢人言

半　告

田畜也上古畜而不田中古田畜兼之故言井牧知田而不知畜故騎者乚馬耕者乚牛學者亦不知其說夫衍沃之地空稼故井之隰臯水艸所生則牧馬廩成謂隰臯之地九夫爲牧二牧而當一井蓋失井牧之義司徒司空之典既隊井牧之制乚矣别作坶說文曰韓歌南地引武王與受戰亏坶埜

半博幔切中分也从牛从八、兩分之又作料說文曰量物分半也按此卽胖字因之爲中半之半半之用多故戛𠫓胖判二字

告姑沃古到二切籠牛口勿使犯稼也童

牛未穿者必告之易曰童牛之告書曰今惟淫舍告牛馬說文曰告牛觸人角著橫木所以告人也別作牿說文曰牿牛馬牢也因之爲桎梏之告在眚曰告又作梏僭爲報告之告亦作誥別作祰𢍁說文曰誥告也

[篆文]古文祰告祭也

告之疑

嚳

嚳苦沃切古有帝嚳說文曰急告之甚也學省聲帝嚳亦

牡 犢 特

作佸

牛之龤殻

牡莫古莫后二切又牛也

犢徒木切牛子也或作獨

特徒惪切畜父也凡養馬特居三之一又作植引之則凡專獨皆謂之特特獨蓋同

殻記曰𥿄辟帍植鄭氏曰謂緣也讀若直

犕物

犕烏猛切俗謂犢犕因其聲㠯命之

物文弗切牛之毛色也凡畜牲皆㠯毛物别詩云三十維物爾牲則具周官牧人掌牧六牲而㠯蕃其物校人種馬一物戎馬一物齊馬一物道馬一物田馬一物駑馬一物凡大祭祀朝覲會同毛馬而頒之凡軍事物馬而頒之引而申之天地之産有

犉　犖　牲

萬其物故曰萬物

犉而倫切詩曰九十其犉又曰殺旹犉牡爾雅曰黑脣犉又曰牛七尺爲犉說文曰黄牛黑脣按詩牛則曰九十其犉羊則曰三百維群犉非黑脣之謂也或曰漢書自天子不能具醇駟疑犉卽醇謂醇色也

犖呂角來刀二切說文曰駁牛也

牲史庚切饗祀之牛豢而未殺曰牲傳曰牛卜日曰牲馬牛羊犬豕雞爲六牲

犧

犧欣宜切詩云㠯我齊明與我犧羊㠯社㠯方鄭氏曰純色之牲也又曰亯㠯騂犧毛氏曰純也周官牧人祭祀共其犧牲鄭氏曰毛羽完具也記曰天子㠯犧牛諸侯㠯肥牛大夫㠯索牛鄭氏曰犧純毛也傳曰介葛盧來聞牛鳴曰是生三犧皆用之矣又曰賓孟見雄雞自斷其尾問之侍者曰自憚其犧也由此觀之凡畜之

犗　犍

牡毛羽純具者犧也古通用羲字賈侍中曰犧非古字又魯頌曰犧尊將將毛氏曰有沙飾也裴駰曰魏大和中魯郡得齊大夫子尾送女犧尊永嘉中曹嶷發齊景公墓得二尊亦爲牛象分其背受酒腦合如全牛

犗古邁切說文曰騬牛也莊周曰犗㠯爲餌

犍居言切又上聲說文曰犗也漢有犍爲郡別作⿰牛叟⿰牛曷

犨　牼　犁　桊　犕

犨蚩周切說文曰牛息聲

牼口耕切說文曰牛厀下骨也

犁憐題切別作[illegible][illegible]鑗說文[illegible]耕也語曰犁牛之子騂且角犁牛耕牛襍種也或曰與黎通[illegible]色也司馬牛名犁

桊居願切穿牛鼻木也別作桊呂氏春秋作棬又作絭見糸部

犕補妹切夏耕也說文曰兩壁耕也又非尾切

牴　犒　牣　𤙤　䘙　犛

牴典禮切牛角抵也

犒苦到切饗勞迬枞也牛大物故可以犒衆

牣而振切牛充腯也詩云於牣魚躍

𤙤巨禁切牛舌病也

䘙于歲切說文曰牛踶䘙也

犛陵之切說文曰西南夷長髦牛也又作

犎　犀

小七十八

犛說文曰犛彊曲毛可己著起衣孫氏洛哀切莊周曰今夫犛牛大若垂天之云司馬氏曰髦牛也鄭氏呂爻切按來犛同㪟實一字犛又湯來切漢扶風有犛縣顏師古曰后稷所封也與邰同音

犎方容切類篇曰牛名領上肉犦胅起如橐佗漢順帝旹踈勒獻犎牛漢書單作封

犀先兮切說文曰南徼外牛一角在鼻一角在頂佀豕海牛一角或二或三或在頂或在鼻頷本艸曰豕

首大腹庳脚脚有三蹄色黑其角堅㮚可爲器革可爲甲考工記曰犀甲壽百年故兵革堅利曰犀利

馬

𢒠譌爲𢒠說文曰古文𢒠莫古切又莫下切象其首足鬣尾說文馬與豕彖皆从巾蓋傳寫之譌而未之察也

馬之會意

騳

大曰四七

騳徒鹿切兩馬竝馳轂騳騳也

駢　駟　驂　馵

駢蒲眠切二馬幷也幷亦聲說文曰駕二馬也引之則凡駢連者皆曰駢駢齒駢脅是也別作骿說文曰幷脅也又作⿰齒幷

駟息利切四馬也車必四馬故亦曰乘馬

驂倉含切車中兩馬曰服兩馬驂其外小退曰驂

馵之戍切詩云駕我騏馵爾雅曰厀上皆白惟馵毛氏曰

駮　　駁

𠂇足白曰馵說文曰从馬二其足說文又有馵一歲馬也一絆其足孫氏戶關切馵絆馬也引旾秋傳韓厥執縶馬歬孫氏陟立切

駮北角切馬色交襍也易曰爲駮馬毛氏曰騂白曰駮說文曰交殸徐鉉曰交非殸又作駮爾雅曰獸如馬鋸牙食虎豹按交非殸卽交之譌也

馭負據切持馬也亦通作御

大八十八

馬之龤殸

駒　駣　騋　騏

駒共亏切馬子也

駣周官教駣攻駒鄭司農曰二歲爲駒三歲爲駣顧野王曰四歲爲駣徐氏音肇鼂氏音道李氏湯垚切沈氏迯刀切

騋洛哀切周官馬七尺已上爲騋詩云騋牝三千

騏渠之切詩云駕我騏馵毛氏曰騏騏文也曰我馬維騏曰有騂有騏毛氏曰蒼祺曰騏說文曰騏馬青驪文如

[illegible]槊也　按駰馬綦色也綦蒼艾色也詳見綦下

驪

驪鄰兮切馬黟色也說文曰馬深黟色也詩云有驪有黄毛氏曰純黟也記曰夏后氏尚黟戎事乘驪月令乘駕鐵驪

驖

驖吐結切詩云駟驖孔阜毛氏曰驖驪按月令單作鐵爲是蓋黟色也

駵

駵力求切詩云駰駵是中又云有駵有雒

駱　騆

鄭氏曰夵身䍐鬣曰騂說文同月令夏駕夵騂亦與夵身之說劦然中央土則駕黄騂又不可曉亦作騮

駱盧各切詩云嘽嘽駱馬毛氏曰白馬䍐鬣說文曰白馬䍐鬣尾月令秋駕白駱鄭氏說與毛同明堂位曰夏后氏駱馬䍐鬣廣雅曰朱鬣爲駱山陰陸氏曰今呼黄馬尾鬣通䍐者爲駱倜謂馬無分黄白但白鬣至尾通色如絡者皆爲駱

騆倉紅切馬菌青色說文曰青白襍毛也

騅　駰　騧　驈　騂

騅職惟切詩云有騅有駓爾雅曰蒼白襍毛徐本說文曰蒼黑襍毛按蒼黑之說近是

駰於人切詩云我馬維駰毛氏曰馬侌白襍毛

騧姑華切詩云騧驪是驂爾雅曰黑喙騧說文曰黃馬黑喙鄭氏曰令之淺黃色者又作䯄

驈戶橘切詩云有驈有皇爾雅曰驪馬白跨說文同

騂息營切馬赤色也周官凡昜祀用騂牲

駓　驒

記曰周人尚赤牲用騂鄭氏曰騂赤色詩云有騂有騂毛氏曰赤黄曰騂說文曰觲省觳觲用角低仰便也从牛羊角引詩觲觲角弓按今本詩騂騂角弓从馬从辛毛氏曰調利也別太觲文从牛羊角無義

駓鋪悲切爾雅曰黄白雜毛駓鄭氏曰今桃華馬徐本說文曰黄馬白毛唐本曰黄馬白雜毛

驒他干切又唐干代何二切詩云有驒有駱爾雅曰青驪驎驒韓詩及字林皆曰白馬罽髦說文驒騱野馬也一曰青驪白

鱗文如鼉

騢

騢乎加切詩云有駰有騢爾雅曰彤白襍毛騢說文曰馬赤白襍毛色佀鰕魚也

驔

驔徒玷切字林徒含切詩云有驔有魚毛氏曰豪骭曰驔說文曰驪馬黃脊讀若簟

駽

駽古玄切詩云駜彼乘駽爾雅曰青驪馬陸氏曰今鐵驄

騵

騵愚袁切詩云駟騵彭彭記曰周人尚赤

驎　驃　驥　駿

戒事乘騵爾雅曰駵馬白腹

驎離珍良忍二切爾雅曰青驪驎驒鄭氏曰毛色深淺隱粼如今連錢騘也

驃匹召切又平聲說文黃馬發白色一曰白髦尾一曰馬剽疾也

驥几利切良馬也語曰驥不稱其力稱其悳也說文曰千里馬也

駿子峻切馬之俊才也書曰駿奔走詩亦

驍　驊

云又曰駿發爾私皆言兮其敏疾也詩云駿命不易毛氏曰大也又云浩浩昊天不駿其悳毛氏曰長也陸氏玆須閏切俗義皆爲陖大

驍古堯切馬勇健也說文曰良馬漢書梟騎俗用梟

驊胡瓜切驊駵駿馬名古單作夸漢書造父旻夸駵緑耳之乘

駃　騠　騤　駉　駜

駃騠古穴切騠田黎切駃騠駿馬也史記曰駿良駃騠不實外廐又匈奴奇畜有駃騠本作決蹄顏師古曰七日而超其母廣志作決蹄說文駃騠馬父驘子也

騤渠追切詩云三牡騤騤毛氏曰彊也說文曰馬行威儀

駉古熒切詩云駉駉牡馬毛氏曰良馬腹幹肥張也

駜毗必切詩云有駜有駜駜彼乘黃毛氏曰馬肥彊皃說文曰馬飽也

駹　駒　駼　騱　騰

駹莫江切周禮曰駹車萑蔽故書駹作龍康成曰車邊側有桼飾說文曰馬面顙皆白匈奴囗漢高帝東方盡駹馬卥盡白南盡騂北盡驪顏師古曰駹青馬也又卥南夷有冄駹

駒迠刀切騊駼同都切說文曰北野之良馬也史記曰匈奴奇畜有騊駼驒騱

騱弦雞切說文曰野馬也

騰迠登切馬超騰也說文曰傳也一曰犗馬也侗謂傳非本義

驤　驀　馳

取其騰速㠯命之目月令季春合累牛騰馬鄭氏曰乘匹之名按騰馬方音通淫乘匹故超騰

驤如陽切馬行凡頫首騰驤也說文曰馬之低仰也漢書交龍驤首單俗用驤字爾雅曰後又足白曰驤

驀莫白切說文曰上馬也超越也今人猶言驀越

驀忽又莫駕切

馳直離切馬長驅大出也周禮曰車馳迣

驅　騶　騁　駛　騖

走別作駝非

驅豈俱切敺馬也通作敺說文曰敺古文俗作駈

騶鉏菽切馬疾步足相及也周禮曰車騶辻趨

騁丑郢切大馳也

駛疏吏切說文曰疾也亦作駛史殼

騖亡遇切說文曰亂馳也

騭　駸　駪

騭竹力切又職日切升也書曰惟天陰騭下民孔氏曰定也馬氏曰升也爾雅曰牡曰騭說文曰牡馬也

駸千尋切駸駸馬進步不輟也詩云載驟駸駸

駪所臻切詩云駪駪征夫毛氏曰眾多皃說文同按駪駪行欲先皃楚辭曰徃來侁侁同此意說文曰侁行皃

駁　馮

駁悉合切馬行疾也揚雄賦曰駁遻風（說文曰馬行相及也）

馮皮冰切馬行疾蹄聲（說文曰馬行疾也）詩云削屢馮馮僭爲依馮之馮書曰皇后馮玉几易曰用馮河詩云有馮有翼漢三輔少爲馮翊又爲馮滿之馮傳曰震雷馮怒楚辭曰羌馮心猶未已又忿聲（別作凭）又扶風切

小四十一

馴　篤　駾

別作鄩國名因爲姓氏

馴詳遵切馬馴擾也

篤冬毒切馬力行也中庸曰篤行之引之爲敦篤之義詩云篤公劉又曰篤生武王說文曰馬行頓遲

駾吐外切詩云昆夷駾矣毛氏曰突也說文曰馬行疾來皃詳詩意乃遠去皃也

驕　驚　駭　駴

驕舉幺切馬驕逸自恃也杜甫詩曰顧景驕嘶自矜寵說文曰馬六尺爲驕引詩我馬維驕一曰野馬引之則爲驕驕矜驕桀詩云維莠驕驕別作橋莊子曰虛憍恃气楚辭曰憍吾己其美好

驚居卿切馬䮵驚故驚與駭从馬

駭下楷切馬驚擾也又作侅㤥

駴胡楷切周禮曰鼓皆駴車徒皆譟康成曰駴

大司五八

驁　騷　駊

雷擊鼓曰驗陸氏曰亦作駭一音亥莊周曰聖人所已驗天下賢人所已驗世王氏曰謂改眂眭也韓遐之曰不足令震驗

驁五到切又丐𣪊馬驕驁也周官九夏一曰驁夏

騷蘇遭切馬驚擾也引之為騷動騷擾記曰騷騷爾則埜一曰摩馬也與搔通

駊普何切又上𣪊騀半何切又上𣪊駊騀

騀　騃　騺　騫　駔

馬行㛹若頗俄也當單作頗俄

騃五駭切 說文曰馬行仡仡也按今吕童昬爲騃又五來切又偶起切

騺陟利切 說文曰馬重皃

騫去虔切 說文曰馬腹縶也 詩云如南山之騫不騫不崩 毛氏曰騫虧也 閔損字騫騫蓋有損義

駔子朗切 徐本說文曰壯馬也一曰馬蹲駔也唐本曰奘馬也爾雅釋曰秦晉謂大爲奘 周官駔圭璋璧琮琥璜之渠眉又

大日廿一

騬　駘

曰駔琮五寸鄭司農曰讀若駔𩥇之駔外有捷盧也康成曰與組同郭璞曰江東謂大爲駔伺謂馬狡捷也故市儈之狡者亦謂之駔

騬食陵切說文曰犗馬也

駘徒哀切又上聲說文曰馬銜脫也楚辭曰策駑駘而取路駘駑劣也史記曰兵相駘藉漢書佗駘駘猶蹋也今俗呼若紿又爲駘蕩㪚遠之意

駑　駕　騎　騑　騶

駑農都切馬頓劣也

駕古訝切加車於馬也別作輅

騎渠羈切跨馬也卒騎馬者因謂爲騎去聲

騑甫微切驂旁馬也又徯也詩云三牡騑騑別作騛

騶逡須甾尤二切趣馬者也說文曰廏御也傳曰

駙　馹　驛　駷

程鄭爲乘馬御六騶屬馬杜氏曰六閑之騶

駙筏遇切副馬也一曰近也

馹人質切置馬代馳取疾也㠯車曰傳㠯騎曰馹

驛羊益切置騎㠯傳曰驛

駷絭動切公羊傳曰臨南駷馬何休曰搖馬銜走陸氏曰本又作擻

驗　駐　驩　驢　驘

驗負窆切說文曰馬名也按書傳借爲審驗之驗因之爲證驗之驗爲效驗之驗

駐中句切立馬也

驩呼官切說文曰馬名也借爲驩虞之驩與歡通

驢力居切馬類

驘洛戈切驢類又作騾驢父馬母曰驢騾馬父驢母曰馬騾說文曰驢父馬母

騣馲䮒駻竿羋

騣莫紅切說文曰驢子也

馲陟格切䮒莫百切孫愐曰驢父牛母曰馲䮒

駻胡幹切馬悍也史記曰誅撓駻

竿與祥切象形

竿之象形

羋彌爾切竿鳴聲也象气上出楚人㠯爲

姓

个　　苜　　蔑

竿之指事

个公瓦切，反戾也。竿角相反，故取義焉。又作⿰角咼

个之會意

苜迷結切，竿目也。竿目不瞑，苜然也。

苜之龤聲

蔑莫噎切。說文曰：目勞無精也。按鄭

駿䇲字明引而申之凡眂之若無者皆曰䇲因之又爲無靡之義無微靡䇲末网同𢿇别作䉬矆宋玉風賦曰中唇爲胗旻目爲矆又作懺說文懺輕易也

芇

芇母延切孫氏母官切說文曰相當也讀若宀予官越覽訟㒓有芇折語正音宀芊之會意

羴

羴尸延切羊臭也亦作羶

羴之會意

羼

羼初限切説文曰羊相厠也一曰相出肯也羊性躁三羊群處屋下爭出也

羊之龤聲

羖

羖公戶切牡羊也牡㸓亦曰羖㸓猶羖羊亦曰牡羊也別作羖

羝	牂	羍

小五十

羝丁兮切牡羊也說文曰牡羊也字林曰牂也易曰羝羊觸藩漢書曰羝乳乃旻歸

牂子唐切牝羊也鄭氏曰牝羊也說文曰牡羊也字林曰三歲曰牂詩云牂羊墳首按内則取豚若將將當爲牂與豚㒸稱皆牝物也

羍他達切說文曰小羊也詩云先生如達鄭氏曰羊子也如達言易也

羜　羭　羯　羠　群

羜丈與切詩云既有肥羜爾雅釋曰五月生羔說文同毛氏曰未成羊既曰肥矣豈未成邪

羭與朱切傳曰攘公之羭說文夏羊牡曰羭杜氏曰美也

羯己竭切豶羊也凡畜奄之曰羯其字从曷則易肥也牛曰犗馬曰騬羊曰羯豕曰豶

羠延脂切說文曰騬羊也徐廣曰音兕健羊也一曰野羊

群巨云切自疊吕往爲群周語曰獸三爲

羸　　羚　　羱

群別作轂豪

羸力危切瘠也又爲缺折易曰羝羊觸藩羸其角又曰汔至亦未繘井羸其缾別作羸

羚郎丁切山羊也別作䍶麢麐爾雅曰麢大羊說文曰大羊而細角陶隱居曰羚出建平及西域諸蠻中多兩角一角者良角節蹙蹙圓繞別有山羊角極[illegible]邊有[illegible]

羱[illegible]曰侶吳羊而大角橢善閇雅曰羱如羊又作羦廣志曰

羦角重於肉

羑

羑[illegible]切書曰惟周文武誕受羑若孔氏馬氏曰道也說文曰進善也厶部有𠫾相訹呼也或作誘羑古文

羞

羞穌鳩切進膳也俗為羞恥之羞說文曰進獻也从丑丑亦聲

羊之疑

義

義儀寄切本義闕用為理義仁義之義程

子曰在物爲理処物爲義朱子曰義者心之制事之宜也物各有理理有宜當揆事理之宜而斷制之者心也故曰義内說文曰己之威儀也从我从羊徐鉉曰从羊與善同意又作誼說文曰人所宜也

羙

羙莫鄙切古今通用爲嘉美之美與媺通說文曰甘也羊在六畜主給膳徐氏曰大者肥羙故从大與善同意

羔

羔古豪切羊子也說文曰照省聲按照非聲

䓀　豕

茍己力切說文自急敕也茍从芊省从包省从口口猶慎言也茍古文不省按茍之義令無傳說文从包从口韋彊無義亟茍皆从句句眙其轂令亾其義目

豕式視切象形說文曰彘也竭其尾故謂之豕象毛足後有尾讀與豨同令世誤㠯豕爲彘㠯彘爲豕何㠯明之啄琢从豕蠡从彘皆取其聲㠯是明之徐鉉曰此語未詳或後人所加丆說文曰古文豕孫氏式視切亟說文曰亥荄也十月微昜起接盛侌从二二古文上一人男一人女也从乙象褱子咳咳之形傳曰亥有二首六身丆古文亥亥爲豕豕與豕同孫氏胡改切李陽冰曰古文亥比豕減一画目本象豕形篆文乃佁二

皆六身蓋穿鑿㣇說文曰脩豪獸也一曰河內名豕也从彑下象毛足讀若弟孫氏羊至切㣇古文彖籒文彖說文曰豕走也从彑从豕省孫氏通毌切彖說文曰豕也从彑从豕讀若弛孫氏式視切彘說文曰豕也後蹏廢謂之彘从彑矢聲彘足與鹿足同孫氏直例切彑說文曰豕之頭象其銳而上見也孫氏居例切豨說文曰豕走豨豨古有封豨脩虵之害孫氏虛豈切按豕爲六畜之一而名物賈亂蓋自晚漢甞已不知所壹矣㠯其文考之則豕與馬同皆象其三足而尾說文所載古文馬㣇及彖㣇皆从巾者傳寫之譌也㣇之與彖特一字耳說文彖爲豕㣇爲脩豪豕彖爲豕走㣇則既爲古文豕又爲古文亦是

彖彖二字而音義則一彖帬豕一字而音義有三也𠀉爲豕頭猶牛之有屮羊之有𠔿馬之有彡也自不𡔷別立爲字況可爲母乎凡此皆文之亂也說文之讀已難據而孫氏之音又與說文𠀤說文彖讀與豨同而孫氏於豕則式視切於豨則虛豈切此一𠀤也說文帬讀若弟而孫氏羊至切此二𠀤也說文謂今舌誤以豕爲㣇以㣇爲彖以彖爲豕以彖爲彖从豕蠡从㣇明之按彖豙乃以豕爲㲉與𧰼掾同而蠡亦未嘗从㣇故徐騎省以此爲後人所加凡此皆㲉之亂也伯曰彖古文㣇也亦有异肄音故假借爲多傳曰使郤子逞其志庚有彖号借爲异也易之彖彖借爲肄也乾元亨利貞文王肄乾之義也古今讀爲吐亂切者

大ヨ十二

非按墜蠡皆㠯彖爲㲉漢書蠡吾矦單作蠡

人人彖瑑篆遂漢書遂逃竄伏緣蝝椽掾皆㠯彖爲㲉

當自有吐亂之音彖之老者爲彘故謂母彘

加彑焉彖其老而耳長也彖之稺而腯者爲

豚加肉焉言其多肉也通謂之彖譖語曰小

溲亐彖牢韋昭曰廁也彖蓋與豕同音式視切是

也彖之式視與豨之虛豈㲉相近也彖韋氏

又爲豨韋豭豕又謂豭豨豨令又謂豬令明一字也豨之聲自虛豈而轉又有虛豉之音故藥有豨薟亦謂滿薟滿與亥聲相近也豕亥之物也故因豕㠯名亥虵巳之物也故因虵㠯名巳巳豕既爲辰名故虵豕不叚不自爲文猶烏於之爲二字也彖彘犆一字直側切彘从彖而䶜㠯矢聲猶壘之生聲齒之止

㲉也自直俯而轉則又有直掾之音自直掾而轉則有吐亂之音馬方言曰北燕韓鮮謂之豭關東西或謂彘或謂豕南楚謂之豨其子或謂豚或曰豯吳揚之間謂之豬

豕之象形

彖

彖丈里切又丈遠切又作㣇兵㲉象豕之老而長牙也周易用爲彖象之彖今讀吐

亂切易曰彖者才也陸氏曰斷也按彖言一卦之才非斷也

彖之會意

𧰬

𧰬息利切陳牲也故取二彖竝陳之義周官奉半牲羞其𧰬又曰祭祀羞羊𧰬詩云或𧰬或將皆謂解而陳之也鄭氏曰陳骨體也讀爲他歷切非鄭司農音隸周禮曰凡縣鍾磬半爲堵全爲𧰬樂之有𧰬市之有𧰬刑戮

者𧰙之市翰皆此義也引之爲放𧰙淫𧰙又僭爲發語辭書曰𧰙類于上帝𧰙予召爾衆士說文曰⿰糸彖古文篆之譌也又作肆說文曰極陳也从長隶㲉或作⿱髟隶从髟

喙

喙許穢切長吻爲喙彖口是也

彖之龤㲉

豪

豪乎刀切剛鬣也豕老而鬣剛故从豕

彙　豩

亦作豪从豕又作毫說文曰豪豕鬣如筆管者按此所謂豪豬也今人謂之篝豬徐鉉曰別作毫非引之則人之出乎羣類者亦謂之豪豪桀豪猾是也

彙云貴切小禽篝毛似豪豬冐省㲄亦作彙又作𧳅𧳅蝟

豕之會意

𧰲虛豈切又作豨豕也又虛改切因之爲

豕 豩 豚

戌豕之豕下改切豕亥之物也故㠯名之

又作亥詳見肯亥既爲辰名故夏太豨文

豖丑六切說文曰豕絆足行豖豖

豩伯貧切說文曰二豕也

豚徒魂切豕之小而腯者今俗謂肉豬也

說文曰豚从彖省从又持肉㠯給祠祀豚篆文別作豘㹠腞

豕之⿰齒皆豰

豬　豵　豜　豝

豬陟魚切豕也爾雅曰豕子豬別作猪䐗

豵子紅切小豕也詩云言私其豵獻豜于公大獸公之小禽私之也爾雅曰豕生三豵說文曰生六月豚一曰一歲爲豵

豜經天輕煙二切大豕也說文曰三歲豕肩相及者又作⿰豕肩呂氏春秋曰懼虎而刺⿰豕肩高誘曰獸三歲也又作⿰豕韋

豝伯加切詩云一發五豝爾雅曰豕牝豝

豭　豰　豶　貇

豭古牙古亐二切牡豕也傳曰既定爾婁豬盍歸吾艾豭

豰居侯切又吁酷切又步角切說文曰小豚也司馬相如賦曰獑胡豰蛫過切安張揖曰白狐子也鄭璞曰佀䶅而大

豶筏分切又都昆切羠豕也爾雅豶豮鄭璞曰俗謂小豮豬為豶陸氏竿篸切別作豶䝏

貇口狠切豕擽倒貇齧取食也引之為貇

豞　豷　豦

土貇田別作墾爲貇到貇悃漢書曰貇貇干凡亾之誅別作懇別作貇又口根切貇齧骨閒肉也別作貇

豞許候切豕怒豿也又罬角切

豷許利切說文曰豕息也又曰豕駭[illegible]㱿左氏傳寒浞生澆及豷別作[illegible]

豦彊魚切司馬相如說封豕之屬爾雅曰豦卂頭

王

說文曰鬥相丮不解豕虍之鬥不相舍一曰虍兩足舉郭璞曰今建平山中有豦大如狗佀猴黃黑色多髯奮凡其頭能舉石擿人玃類也按豕虍無鬥理相如之說是也虍龤其𣪊

豲　貛

豲胡官切唐本說文曰豕屬也徐本曰逸也周書曰豲有爪而不敢以撅讀若桓漢天水郡有豲道別作貆豲獂

貛呼官切佀豕而肥穴居別作貛貒爾雅曰貒子貗切云郭璞曰貒豚也字林曰佀豕而肥貒又他官切

豪

豕之疑

豪負旣切說文曰豕怒毛豎一曰殘艾也徐鉉曰从辛未詳或曰言省聲

犬

犬口汝切象形犬兔莧鹿之類凡善走者皆後足申說文曰狗有縣蹏者也

犬之象形

尨

尨莫江切多毛犬也引之則凡尨襍者皆

謂之尨周禮曰外祭毀事用尨可也（别作牻）言之襍者謂之尨言（别作哤）又謨逢切尨昔毛皃

犮

犮蒲撥切犬癹足有所曳撥也詩云狼犮其胡引而申之踰越山川險阻爲犮履犮涉又爲犮扈别作跋（説文曰跋蹎犮也）記曰燭不見跋謂燭本也（陸氏半末切非）又方勿切𨂂跋蹻

㹜　獄　吠　臭

健皃也見𨁐下

犬之會意

㹜語斤切兩犬相齧也別作狺狋說文狋犬吠聲

㹜之會意

獄魚欲切犴狴㠯居罪人者从言訟也

吠房廢切犬鳴也

臭古闃切說文曰犬眂皃

臭　突　狧

臭尺救切气臭也犬能迹獸之气臭察臭者莫如犬故从犬从自翕臭曰臭許救切別作嗅齅說文曰齅㠯鼻就臭也

突迲骨切犬自穴去出也別作揬易曰突如其來如

狧他合切犬食也別作猎⿰犭合⿰犭荅漢書狧康及米顏師古曰古甛字直尔切

伏

伏鼻墨扶睦二切犬見人弭伏也又扶富切

戾

戾郎計切犬出戶下身曲戾也引之爲貪戾狠戾罪戾僭之爲戾天戾止戾猶至也又作盭賈誼曰又苦蹊盭

猋

猋必遙切犬群走猋猋也風之狂猋爲猋風別作飇飈

猨 狗 𤜃 猶

猨于元切猴類長臂箸言爰古單作爰漢書李廣爰臂別作蝯猿俗作猿

犬之䲒𤞞

狗𣪘后切犬也

𤜃牛刀切犬之特大者孔安國曰犬三尺為𤜃

猶以周切犬子也犬子視人所向捷出其先𡕥次且以俟所謂猶豫也說文曰玃屬一曰隴

猗

亦謂犬子爲猷爾雅猶如麂善登木郭氏曰㠯獸切崔氏曰猨類也卬鼻長尾性多疑一曰佀麂居山中聞人聲豫登木無人乃下世謂不决曰猶豫按崔氏所謂乃狖也

借爲謀猷之猷又借爲猶若猶尚之猶

猗於離切說文曰猗犗犬也

借爲辭助詩云猗嗟昌兮曰河水清且漣猗誤說詩者㠯爲水皃加水爲漪毛公傳曰若俟河水清且漣漪亦不㠯猗爲水也爾雅誤㠯淪猗漣猗爲水後人始加水其旁

又倚可切借爲猗難之猗詩云猗難其支

獫 猲 猈

又於義於个二切偏猗也詩云兩驂不猗

獫力劒切又虛檢切詩云載獫歇驕爾雅曰長喙狗也

猲許竭切古僭用歇爾雅曰猲獢短喙狗也獢从犬說文同又作獡類篇曰短喙狗

猈皮皆扶蟹扶移三切ㄙ氏傳有史猈說文曰短脛狗也

類　狀　獨　猛

類力遂切，種類也。犬之種類多，故類从犬。引之，則㠯類而求神者爲類。書云類亐上帝（別作禷）。又盧數切，儕爲頪類之類。傳曰刑之頪類，令作類。

狀鉏亮切，形狀也。犬多變態，故狀从犬。

獨徒谷切，單特也。牛曰特，犬曰獨。

猛莫杏切，犬摯也。

獷　獟　狠　狷

小三十九

獷古猛切犬獷悍不可服也

獟饕妖丠妖二切獷也史記曰誅獟驛說文曰狾也狾五切向獟也

狠下𤞞切悍戾不可馴也又呼𤞞切犬鬥也别作很説文曰很不聽从也一曰行難也一曰盭也諺很戾也

狷規玄切又上去二聲犬性狷急不可觸也引之則介潔褊急不可磯者皆曰狷狷

獧　狦　狡　猾

與獧多互用孟子曰獧者有所不為不屑不潔是獧也與悁通別作狷懁

獧許緣切剽黠也與翾義相近別作譞說文曰慧也又作還說文曰嫉也又作儇

狦所晏切又乎敵說文曰惡健犬也愽雅曰狼也

狡古巧切犬絞黠也說文曰小狗也

猾戶八切犬獧黠難羈也因之為寇猾書

獪　獰　獳　狴

云蠻夷猾夏

獪古外切狡也

獰尼耕切犬怒毛也又作鬡

獳奴刀切犬惡毛也又作獶記曰獿襍子女又作獿亦奴冬切又奴矦切犬鬥怒也又奴交切獿噑犬吠聲也說文曰獿獿獶也獶犬獿獿咳吠也

狴渠王切犬蒼皇吠走也亦作狂

猖 猜 狎 狃 猥 犯 倏

猖 蚩良切犬狂披猖也

猜 倉才切犬疑也

狎 下甲切犬阦習也

狃 女久切犬狃於旻食憂犇也

猥 烏賄切犬食不避穢猥下也

犯 亡泛切又防險切犬僈馮也

倏 式竹切犬猋至也倐省聲別作儵說文曰猴也長也

猝 ⿱兔犬 默 ⿰犭音

猝倉卒切犬默忽肯出也說文曰犬从艸暴出逐人也引之爲倉猝猝暴古借用卒又作踤說文曰觸也一曰駭也一曰倉踤

⿱兔犬敕略切犬走劓[illegible]也左氏傳有石⿱兔犬别作猶獨宋之犬善走者猶

默密北切犬不鳴也說文唐本曰犬潛逐人也

⿰犭音於咸切犬竇中暫出也

狋　獎　獵　狩

狋五伊切犬爭聲也東方朔曰狋吽牙者兩犬爭也

獎子兩切嗾犬厲進之也引之凡獎勸者皆曰獎傳曰無亢不衷㠯獎亂人又曰皆獎王室獎順天德

獵力涉切㠯犬从禽也

狩書究切冬獵也狩主用注謂驅逆之車

大司六十二

於三昔之田爲盛

獮

獮息淺切秋獵也亦作獮璽省聲獮主用羅張獸別作[illegible]禰

獀

獀踈鳩切春田曰獀獀主用火通作蒐說文曰南越犬名獿獀

獠

獠力照切爾雅曰宵田曰獠相如賦獠於蕙圃尞聲亦會意又都狡切夷獠也別作䝤

獲

獻

獲胡伯切獵㝵獸也

獻許建切進也羊曰羹犬曰獻記曰犬曰

獻獻引之則凡進物於所尊敬者皆曰獻

周官大比獻賢能之書于王記曰諸侯歲

獻貢士於天子故賢能謂之獻書云萬邦

黎獻又曰民獻有十夫孔子曰文獻

不足故也載諸典冊者文也傳諸其人者

猩　猴　玃

獻也

猩桑經切獸佀猴能言出交止人面豕身聲如小兒啼

猴乎溝切獸佀人而尻善緣木

玃俱縛切爾雅曰玃父善顧攫持人也鄭璞曰能攫持故曰玃說文曰母猴也顏師古曰玃身長金色又作貜孫氏王縛切說文曰㹸孫氏火屋切貜也一曰夒類佀犬食猴鄭氏曰佀猴而大色蒼[illegible]能玃持人

狙

狙子余七余二切說文曰玃屬莊周曰狙公賦芧司馬彪曰一名獦牂侶爰而狗頭按狙玃類之黠捷者一曰大伺逐也張良狙擊秦皇帝盍取此引之爲狙詐

狖

狖羊就切顧野王曰貁猨也倉頡篇曰侶貍顏師古曰侶猴卬鼻長尾按顏說卽雀浩所謂猶

狼

狼盧當切野犬能食獸者能反顧其背說文

曰佀犬銳頭白頰高歬廣後埤雅曰大如狗青色作斁則諸竅皆沸䛠逐獸

狽

狽布蓋切類篇狼屬或欠一足二足相附而行離則顛故猝遽謂之狼狽

犴

犴士皆切獸佀狗而高大赤色䛠捕獸獨犴大群犴小別作豺

狐

狐洪孤切獸佀狗茂尾如彗詩曰雄狐綏綏里語曰狐欲涉水無如尾何腹毛背白宊爲求能竊雞食血而不食肉涉冰則疑

犴　狴　獺

而屢眕故謂狐疑俗謂狐能爲妖詩曰莫赤匪狐莫黑匪烏

犴負旰矦旰二切說文曰胡地野狗也鄭康成曰野犬也漢書音義曰佀狐而小別作豻

狴蒲毖切犴狴獄名也守之已犬故與獄俱从犬說文作陛曰牢也所已拘非从非陛省聲

犴狴犴獄之犴亦僭用厈詩云宜厈宜獄

獺他達切水獸佀小狗善魰

獱　狻　狨

獱毗賓布玄二切獺類也又作猵淮南子曰畜池魚者必去猵獺莊周曰猨猵狙已為雌猵獱之譌也說者已猵狙為一物或曰非類為牝牡皆非也

狻穌官切爾雅曰狻麑如虦貓食虎豹釋曰狻麑師子也孟康曰師子佀虎正黄有頓耏尾端昔毛大如斗狻麑或作狻猊師子俗作獅子

狨而融切禺屬其毛昔而長金色異采今世已為韉褥謂之金狨

玁狁狄

玁喜檢切狁以準切詩云玁狁孔棘毛氏曰北狄也亦作獫

狄徒歷切北狄也亦省嚴古通作翟爾雅曰麋之絕有力者麋非犬類或狄之人生於深山貙虎之鄉故狄貊玁狁从犬从豸蠻越之人生於蟲虵之鄉故閩蠻巴蜀皆从䖵猶荊楚㠯艸木名也

獿 狘 㺑 猌

小七十四

獿許云切獿粥古狄名亦單作夒

狘陸氏況越切記曰麟㠯爲畜故獸不狘鄭氏走皃

㺑恩邀切山鬼夔屬又作魈獛又所咸切犬長毛皃

犬㕕疑

猌魚僅切又丐斂說文曰犬張齗怒也來聲按來非聲猌侶兩犬爭不相舍下意傳曰兩君之士皆未慭也慭㠯猌爲斂

孫夆謹校

六書故弟十八

永嘉戴侗

動物二

龍

龍力鍾切鱗蟲之長幽居而天行說文唐本从肉从飛及童省徐本曰从肉飛之形童省聲又曰象宛轉飛動皃[illegible]又遲又鍾[illegible]象形丝古文假偺之用一詩云既見君子爲龍爲光毛氏曰龍寵也

龖　龕　虍

龍之會意

龖　徒合切　說文曰飛龍也

龍之諧聲

龕　口含切　說文曰龍皃也徐本合聲唐本今聲鼂氏曰从今乃旻聲

虍　荒古切　古文　象虎爪牙攫殺之形　說文虍虎文也

荒烏切象形虎从虍虎足象人足虎虎古文按虍生於虎虎不應反从虍虎蓋自虎而變也乁兒又乀虍者皆从虎省

虐　彪　虢　虣

虎之會意

虐逆約切殘酷也从虎从爪

彪必幽切虎文也

虢古獲切說文曰虎所攫畫明文說文吕孚爲虢孚非虢也古用

名國虢公叔馬

虣薄報切古暴也

虎之龤虢

虥 虒 虓 號 虩 虞

虥昨閑切爾雅曰虎竊毛謂之虥貓又士諫切

虒斷移切說文曰虎之有角者厂聲

虓許交切虎鬭也詩云闞如虓虎亦作哮

號乎刀切虎咆也

虩許逆切虎所虓鬭震疊虩虩也易曰震

來虩虩

虞元俱切防虎也山澤之安因謂之虞引

虙　虘　虔

之爲憂虞虞度又借爲驩虞五乎切別作娛、

虙伏六切說文曰虍皃伏羲宓子賤皆作虙與伏通

虘、租祖何二切說文曰虍不柔不信也讀若鄌

虍之疑

虔渠焉切說文曰虍行皃讀若矜文聲徐鉉曰文非聲未詳按書傳用爲虔共之虔詩云虔共爾位又曰有虔秉鉞毛氏皆曰固也又用爲虔[illegible]之虔書云奪攘

攘矯虔孔氏釋為固蔡氏曰劉也詩曰方斵是虔爾雅作榩鄭氏曰椹謂之虔斵於椹上㠯為楄傳曰虔劉我邊垂杜氏曰虔劉皆殺也

象

象徐兩切巨獸長鼻脩牙牙可為器象形借為形象之象易曰象也者象也㠯字義釋易名非有二字也俗作像加人非凡象佀者皆象也非特象人別又作像說文曰像放也

豫

象之諧聲

豫羊茹切説文曰象之大者伯曰象多疑也僃爲豫先猶豫之豫亦作豫説文新附曰安也又僃爲悅豫之豫易雷出地奮豫詩云逸豫無期孟子曰一游一豫別作悆

兕

兕象形徐姊切埜牛青色皮可爲甲象其角説文曰𤉡如埜牛而青兕古文

鹿

盧谷切鹿叏角象其角足也 單彝癸彝文

鹿之象形

麀

於尗切母鹿也象其下有子與牝同 別作[illegible]

鹿之會意

麤

倉胡切 說文曰行超遠也俗作麁又作觕與粗通

鹿之龤聲

麋　麚　麛　麑　䴠

麋旻悲切麋與鹿同而大月令麋角冬至解鹿角夏至解

麚古牙切爾雅曰牡鹿也短脰又作䴥

麛莫兮切鹿胎也凡孕獸曰麛鳥曰卵周官禁麛卵者

麑吾雞切鹿子也魯語曰獸長麑䴠

䴠烏皓切麋子也古單作夭記曰不殀夭

又曰胎夭多傷爾雅曰麋其子麇麋成曰少長曰夭陸氏曰烏老切

麌

麌五矩切詩云麀鹿麌麌爾雅曰麕牡麌一說麇鹿群聚也按詩言麌麌非牡也

麠

麠居卿切又作麖麔居後切又作麂麠麠麔同類佀鹿而角不岐毛不斑麠大而麔小

麔

麠毛[illegible][illegible]而粗爾雅謂麖牛尾一角麔旄毛狗足皆非

麕

麕去倫俱倫二切說文曰麞也別作麇从

麞 麝 麈 麒麟

囷省 又作麏 借爲麇縷之麇，傳曰麇之㠯入 別作攟

麞 之羊切，侶麕而脂黄，亦謂黄羊。別作獐

麝 夕夜切，獸如小鹿，臍有香。俗作麝麘

麈 止庾切。說文曰麋屬，唐本曰大力一角。侶鹿而大，尾可爲拂，辟塵。

麒 渠之切 麟 離珍切 麒麟，祥獸也。陸璣曰麕身牛

大八十二

麃

兕馬足黃色員蹄一角角端有肉音中鐘呂行中規巨遊必擇地詳而後処不履生蟲不踐生艸不群居不侶行不入阱穽不離羅网王者至仁則出令幷州界有麟如麃非瑞也司馬相如曰弢麋腳麟謂此麟也侗謂陸氏之云大氏因麟為祥獸遂从而使會之不踐生艸不履生蟲果何食兮不群居不侶行是衆孤悳也不入阱穽不離羅网王者至仁而後出何為而獲於子鉏商至言音中鐘呂行中規巨愈夸誕矣

別作麐說文曰麒仁獸也

麐牝麒也麟大牝鹿也

麃 薄交切 說文曰麠屬與省聲 又表驕切詩曰駟介

麗

麃麃言肥壯皃

鹿之疑

麗郎計切丽說文曰丽古文丽篆文麗㭘行也鹿性見食急則必㭘行从鹿丽聲禮麗皮內聘鹿皮也按麗之本義未詳許氏既已丽爲古文又謂丽聲未免自牴牾丽特丽之譌尒伯氏曰麗从鹿麗皮也或曰丽象网目麗鹿離亏网也

按書傳所用麗有耦義周官麗馬一圉兩馬也束帛麗皮兩皮也故又爲亢麗別作

儷因是有䁕匹之義有麗密之義詩云商之孫子其麗不億言其䁕類也說文作儷數也上聲又爲奢麗美麗書云被以奢麗麗離聲相近故又有附離之義易曰離麗也日月麗乎天百穀艸木麗乎土又因之有䰇麗之義亦鄰知切東夷有高麗國亦作高驪

萈

萈胡官切山羊也象形說文曰山羊細角者从兎足苜聲

能

能奴登切說文曰熊屬足佀鹿从肉㠯聲能獸堅中故稱賢能而彊壯稱能桀也徐鉉曰㠯非聲疑皆象形按能爲熊屬說文必有所據賢能于能則假借也又奴臺切左氏傳鯀化爲黃能入于羽囦或曰三足鼈也又奴代切堅忍也亦作耐又奴𡕒切

能之疑

熊

大六十八

熊于弓切獸佀豬羆而銳喙其蹯類人掌

能

熊居能升木說文曰炎省聲按炎非聲[illegible]麃熊羆皆从火疑別有義

熊之龤聲

羆班麋切詩云赤豹黃羆爾雅曰如熊黃白文郭璞曰似熊而長頭高脚猛多力能拔樹木陸璣曰羆有黃赤二種大於熊脂如熊白而粗理說文曰羆罷聲[illegible]古文

豸

豸池尒切說文曰象獸長脊行豸豸然欲有所伺殺形漢志曰蟲豸之妖爲孽師古曰有足曰蟲無足曰豸按今俗亦有蟲豸之稱然从豸者皆貌貅貙豹之屬與蟲豸

之說不合

豸之龤殸

豹

豹北教切獸佀虎而小黃質墨章

貔

貔房脂切書云如虎如貔爾雅曰貔白狐孔安國曰貔執夷虎也說文曰豹屬陸璣曰佀虎或曰佀熊一名執夷遼東謂之白羆按貔猛獸非狐也

貅

貅許尤切記曰前有摯獸則載貔貅

貙　貊

貙敕俱切爾雅曰貙似貍鄭氏曰今貙虎也大如狗文如貍爾雅曰貙獌莫旦切似貍鄭氏曰今山民呼貙虎之大者為貙豻字林曰貙似貍而大豻貙類故呼貙豻

貊莫白切又模各切又作貘貘狛爾雅曰貘白豹說文曰貊似熊黄黑色出蜀中字林曰似熊而白出蜀郡南中郡志曰貊大如驢顡似熊所觸無不推廣志曰色蒼白其皮温煖鄭氏曰貘似熊卑脚黑白駁骨節彊直中實少髓能舐食銅鐵及竹骨其皮辟溼音陌用為狄名詩云其追其

貉

貊孔子曰雖蠻貊之邦行矣

貈下各切狐類毛厚可為裘語曰狐貉之厚㠯居或作貈又作狢與貊貘鏴互說文曰貉北方豸種葢㠯此為蠻貊之貊貈伭狐善睡引論語狐貈之厚舟孫氏下各切徐鉉曰舟非聲未詳字林亦曰貈伭狐善睡鄭氏曰北名獿刀切老江東呼為貃鳥切郎貃山切吏按各非貊音舟非貉音貉乃狐貉之貉詩云一之日于貉取彼狐貍為公子裘毛氏曰于貉謂取狐貍皮也鄭氏曰于貉往搏貉㠯自為裘也狐貍㠯共

尊者爾雅曰貉縮綸也郭璞曰牽綆縮貉之考工記曰貉踰汶則死鄭氏曰貉或爲猨善緣木之猨也周官甸祝掌亖旹之田表貉之祝號杜子旹讀貉爲百書亦作禡貉兵祭也詩曰是類是禡康成曰田者習兵之禮故亦禡祭說文又有鼦曰鼠出胡地皮可爲裘按孔子狐貉之厚吕居詩亦曰一之日亏貉取彼狐貍爲公子裘則貉爲狐貍之類明矣亏貉猶言亏貂謂獵取狐貉也凡田者

貆　貓

先取狐貍之屬爲驅逐大獸則小獸竄伏也表者先立表也貉者先攻取狐貍之屬也二者皆爲田事之始故祝祭先之禡自爲兵祭小祝師行掌其祝号不言表貉何爲於田用之爰嚶之皮不聞可爲豕鄭氏之說尤舛

貆胡官切爾雅曰貈子貆說文曰貈類又作貛淮南子曰貛貉爲曲穴

貓莫交切又眉鑣切捕鼠貍猫或作記曰迎

犬ㄋ五十七

貍　貕　夒

貓爲其食田鼠也又虎類詩云有貓有虎爾雅曰虎竊毛謂之虦貓毛氏曰佀虎淺毛

貍陵之切伏獸佀貓其類不一或作狸猍又僭爲薶埋之貍謨皆切

貕胡雞切周官幽州之澤藪曰貕養

夒奴刀切猴也又作猱獿猴詩云毋敎猱升木夒佀人伯曰頁象其首止象其肖足巳象其尾

夊象後足人去也陸璣曰猱獼猴也老者爲玃長臂者爲爰白要者爲獑胡獑爰駿捷於猴按古無猴字夒卽猴也

夒

夒之象形

夒渠追切木石之怪也佀夒而角一足家語曰木石之怪夒网兩莊周曰夔謂蚿曰吾吕一足跉踔而行令俗謂之山㺐又俗爲夔夒之夔書曰夔夔𡘋臯孔氏曰悚愳之皃

大司廿七

兔 免

兔湯故切象形俗言兔口有缺吐而生子昰妄誕

兔之會意

免母辯切脫也兔善逸从兔省後足脫去之象也說文俛浼勉冕皆免聲而無免文引之則凡脫免者皆曰免婦人生子爲免身別作娩嬎借爲喪服袒免之免鄭氏曰已布廣寸从項中而前交於額止又卻回繞髻別作絻音問侗謂袒者袒其衣免者免冠不必更音問

逸　冤　㲋　毚

逸夷質切脫逃也兔善逃故取義於兔引之爲逸遊爲暇逸別作佚

冤於袁切屈也兔在冂下冤屈不㝵申也

㲋丑略切說文曰獸也佀兔青色而大象形頭與兔同足與鹿同[illegible]篆文侗謂㲋兔善走者也故視兔而多其足

㲋之會意

大百十九

毚士咸切說文曰狡兔也兔之駿者

菟　　𪕭𪖀　　鼠

菟同都切傳曰楚人謂虎於菟漢書不搜反寑而搜

畜菟又菟求魯邑名

兔之𪘀㲉

𪕭七句切說文曰狡兔也

𪖀奴兵切爾雅曰兔子嬎郭氏曰俗呼曰𪖀按嬎从生从女不成字

鼠書呂切象形

鼠之指事

鼬　鼪

竄七亂切从鼠入穴逃竄之義也因之為流竄書曰竄三苗于三危又七丸切奔跳也

鼠之齘聲

鼬余救切鼠狼也如鼠而大狼尾赤黃色能食鼠又作鼧狖鼧又而隴切說文曰鼠屬

鼪師庚切莊周曰騏驥驊騮捕鼠不如貍

鼷　鼱鼩

鼪又作狌郭璞曰江東謂鼬為鼪司馬彪曰狌鼬也

鼷下雞切曰口鼠也旾秋曰鼷鼠食郊牛角李巡曰即鼱鼩也博物志曰鼠之最小者或謂之甘鼠謂其口目為其所食者不知覺也

鼱咨盈切鼩權俱切東方朔曰鼱鼩之襲狗如湻曰小鼠也鄭氏曰令鼠狼又曰小鼠也爾雅曰鼠之屬有鼩鼸下簟切鼷鼶私移切鼬鼩鼭音肖鼣筏發切鼫鼤音問鼷鼮迂形切鼳古闃切爾雅名物未可盡信但如爾雅說

則鼲鼩為二物

鼯

鼯五胡切荀子曰梧鼠五技而窮爾雅曰鼯鼠夷由郭璞曰狀如小狐佀蝙蝠肉翅翅尾項脅毛紫赤色背蒼艾色腰下黄喙頷襍白脚短爪長尾三尺許飛且乳亦謂之飛生說文鼯五技鼠也能飛不能過屋能緣不能窮木能游不能度谷能穴不能掩身能走不能先人按飛生今俗所謂伏者佀之又有所謂櫟鼠者常在木間無翼而跳捷如飛尾長如彗詩所謂碩鼠乃鼠之石大者序云貪而畏人若大鼠蓋亦不過已碩為大也不當別生鼫文梧鼠五技蓋約言

大六十八

鼺　　鼢

其技之多而卒窮非謂毋技輒窮也別又作䳚

鼺倫爲切又力軌切飛生也說文鸓从鳥鼠形飛走且乳之鳥也按此卽飛生實鼠類而非鳥類與鴟俱謠而从鳥蓋吕其扗林閒如鳥而飛故俗書从从鳥尒又作蠝

鼢房分切隱鼠也黎[illegible]色小於鼠穴土而行不入室家吕其常偃伏故又謂偃鼠吕其趣地若耕故又名犁鼠別作鼹蚡偃別作鼴說文曰鼢

䶉　鼦

地行鼠伯勞所以俗謂諔豹所以皆非也

䶉力求切竹鼠也多肉如豚肥美可食古通作畱莊周曰執畱之狗司馬彪曰竹鼠也肥美人多珍之別作䶉⿰犭畱

鼦丁聊切鼠屬大而黃黑皮可為裘亦作貂埠雅曰貂繂毛燠於狐貉拂面如熅刷地㠯其皮煖額後在頰之㠯金璫飾首歬臿貂冠漢因之附蟬焉侍中外珥常侍又珥

鼨䶘䶛廌嘼獸

鼨之戎切爾雅曰鼨鼠豹文鼮鼠說文曰豹文鼠也生蜀谷間

䶘力知切䶛於蓋切孫愐曰小鼠相銜而行

廌宅買切說文曰解廌獸也佀山牛一角古者決訟令觸不直象形夫人惟萬物之靈人不能決而眙於獸是以獸爲士也不經甚矣廌義闕

嘼孫氏許救切說文曰㹌也象頭首足厹地之形古文嘼下从厹

嘼之會意

獸舒救切說文曰守備者爾雅曰四足而毛謂之

角

獸

角盧谷古岳二切獸角也別作觻非按詩麟之角振振公从角與从劦誰謂雀無角何㠯穿我屋角與屋劦曰皓有角角里先生䔧皆作𥙪音後人不悟別立角文及刀下用等文繆矣類篇又有觻東方音也獸戴角者㠯角相抵故因之爲角鬥角勝負之角又引之爲角斗角之角角校㲉相通義亦相近也別作斠說文平斗斛也又爲東方之宿

解

角之會意

解古買切从刀解牛角解之義也自解爲解胡戒切鹿角解艸木節解之類是也易曰雷雨作解因之爲解解椒解解惰別作懈說文曰怠也別作古賣切炏非又上觳

觡

角之𧣾觳

觡古百路洛二切角有叉曰觡記曰角觡

觗　䚡　觩

生鄭氏曰無䚡曰觡顧氏曰有爻曰觡無爻曰角按司馬相如云犧雙觡共抵之獸顧說是也

觝都禮切角根也按角根通當作氐漢書角抵通作抵司馬相如曰雙觡共抵又作牴

䚡新茲桑才二切角中虛毳骨也與䚡通

觩渠幽切角宛曲也詩云兕觥其觩又曰

觳　觫

角弓其觩與捄通詳見捄下說文作斛

觳胡谷古祿二切角跛也饋食禮主婦俎觳折鄭氏曰後足也既夕禮裳不辟長及觳鄭氏曰足跛也猶言跛也莊周曰其道太觳秦二世曰監門之養不觳於此猶言下也司馬氏曰觳音學盡也又古學切說文曰盛觵卮也一曰弢具

觫觫谷切角初出[illegible]臬也齊宣王見牽牛

觭　⿰角彖

徃釁鍾者曰舍之吾不忍其觳觫若無罪而就死地說者曰觳觫恐懼皃半無知方牽而徃何知就死觳觫葢角短小之皃半方釋而就死故宣王不忍焉

觭去奇切爾雅曰角一俯一仰也周官三夢二曰觭夢杜子春讀如奇偉之奇觭即奇也康成讀如掎角之掎掎猶昃也又居宜切莊周曰觭耦不仵

⿰角彖敕豕切角傾也

大九六

觢 觜 觰 觺

小九十五

觢尺制切爾雅曰半角踊觢說文曰一角仰也別作㸷

觜遵為切又上聲角銳耑也說文曰鴟舊頭上角觜也按今人喙亦謂觜

觰陟加切角大本也亦作䚩說文曰觰拏獸也按今俗謂根據為觰拏披張為觰沙一曰角上張皃別作奓

觺負力切又上聲楚辭曰土伯九約其角觺觺說文曰角利皃

觸　觥　觶

觸此欲切，角牴也。別作䚙

觥古橫、古黃二切，飲器也。㠯角爲之。孔氏曰：五升爲觥，或曰七升爲觥。又作觵。周禮曰：「掌其比觵撻罰。」曰觵其不敬者。古㠯觥爲罰爵，故其所容多。詩云：「兕觥其觩。」兕角巨，可㠯爲觥也。

觶之義切，飲器也。說文曰：受亖升。鄭氏曰：受三升。徐鍇曰：戰省聲。別作𧣴、觗，幷見觚下。

觚

觚古乎切飲器也考工記曰梓人爲飲器勺一升爵一升觚三升獻以爵而酬以觚一獻而三酬則一豆矣食一豆肉飲一豆酒中人之食也康成曰觚當作觶豆當作斗按禮酬者皆以觶故康成以觚爲觶而謂觶受三升也侗謂禮觶爲酬器則容三升者爲是觚始觶之別名

觚之制有廉稜故凡有廉稜者皆謂之觚

稜說文木部別有柧棱非

觴　衡

觴式陽切凡飲器實酒曰觴傳曰觴曲沃人說文觴籀文从爵別作⿰酉昜

衡何庚切說文曰牛好觸橫大木其角从角从大行聲周官凡祭祀飾牛牲設其楅衡鄭司農曰所以楅持牛也杜子春曰楅衡所以持牛令不得抵觸人鄭康成曰楅設於角衡設於鼻如椵狀按衡之从大未可曉引之則凡衡設者皆謂之衡今俗皆謂之橫權之衡而爲弓者車之衡加於兩

大ヨ三十六

服者屋之棟楣衡加者皆曰衡別作桁

觼 觱 觿 ⿰角喬

觼古穴切詩云鋈吕觼軜說文曰環之有舌者別作鐍

觱卑吉切說文曰羌人所歙角屠觱吕驚馬觱古文詩字詩云一之曰觱發

觿許規淒尒戶圭三切記左佩小觿又佩大觿說文曰佩角鋭耑也可吕解結按觿有大小佀非專爲解結用

⿰角喬巨夭魚沼二切淮南子曰角⿰角喬不猒溲

觖　⿰角弱　革

高誘曰刀劒羽鬭䙴角也太玄曰觿其角陸氏音紹角長也

觖遣恚切缺所望也又杏聲又古穴切又與缺通

⿰角弱眤角切說文⿰角弱調弓也弱省聲

革古覈切獸皮也象形具三足首尾完曰革柔曰韋通曰皮借爲叓革之革叓革聲相通

別作諽又借爲革⿰歹矦之革與亟通紀力切別作⿰革亟

䩞 鞹

革之會意

䩞匹各切說文曰濡革也

革之𪗇𩎃

鞹苦郭切凡革不去其毛張而完暴之謂之鞹淮南子曰譬之猶鞹革也大則大矣

剬之道也詩云鞹鞃淺幭以鞹爲鞃淺爲

幭尚文也子貢曰文猶質也質猶文也虎

鞄　靬

豹之鞹猶犬羊之鞹言文之不可篾也虎豹之鞹無夻毛者犬羊之鞹亦用㠯爲衣爲⿰衤冥

鞄步教切又步角切柔革之工也考工記作鮑又作鞄

靬居言苦旰二切說文曰乾革也漢書單于事於靬王張掖有驪靬縣顏師古音虔

靼

靼多達之削二切說文曰柔革也韋縕因謂之靼別作䩢

韗

韗王問切冒鼓之工也考工記曰韗人爲皋匋又攻問切周官作韗或作韍兹非冒鼓必用生革不以韋又作䩢又号鼔

鞔

鞔謨官切冒鼓也呂氏春秋曰冐充則中

大鞔說文曰履空也徐鍇曰履空猶言履殻也

𩋡居竦切㠯革束固也

鞶蒲官切說文曰大帶也易曰或錫之鞶帶記曰男鞶革女鞶絲鄭氏曰鞶小囊也所㠯盛帨巾之屬亦作縏記又曰婦又佩施縏袠鄭氏曰小囊也傳曰帶裳幅舄昭其度也縏厲游纓昭其數也杜氏曰帶革帶也鞶紳帶也又曰王㠯后之鞶鑑予鄭伯杜氏曰鞶帶而㠯鑑爲飾也東觀書詔曰賜鄧遵獸鞶囊按鞶或㠯爲佩囊或㠯爲大帶

鞓　䩬

疑鞶乃佩帶玉佩襍佩非紳帛所能勝故必㠯革為鞶鞶女子不服革故㠯絲組為鞶鞶與縏同出內則疑縏自為一物也

鞓湯丁切革帶也今之帶有䩬其革謂之鞓俗書也又作鞓綎

䩬苦瓦切革帶䩬也凡革帶繫佩者必有環環必有鄉令不佩而猶仿佛其制㠯金犀與角為之謂之䩬俗書也沈存中曰革帶必有蹀躞

踈躞有環如馬之鞦楔後雖去踈躞猶存其環卽令之帶䩄也令㠯角爲之貴者㠯金玉又鈴

鞵　鞮

鞵戶皆切革屨也說文曰革生鞮也別作鞋鞎跟說文鞎屨也跟足所屨也

鞮丁兮切說文曰革屨也記曰大夫士去國鞮屨康成曰無絇之菲也周官鞮鞻氏掌三夷之樂康成曰鞻讀如屨鞮屨三夷舞者所屝也揚雄賦曰鞮𩋌生蟣蝨按禮言鞮屨則鞮非屨矣又

大七十四　云

作鞮說文鞮婁三夷之舞又通爲戎之言語者曰狄鞮見王制篇

鞻郎兵切又去聲 又俱遇切鄭康成呂爲即屨字呂氏曰鞥鞻也說文曰鞥鞮也

靸悉合切說文曰小兒履也 按今人名屨無踵直曳之者爲靸別作𩋡

鞾許戈切革履有翁及骭也說文新附古無此字按北方馳逐艸閒故履皆長其翁中國因之爲馬上之服自周隋氏呂戎服爲朝服故今

之鞹服皆韄習而不察之過也別作靴韄

鞞　　鞘　　⿰革叟　鞬

鞞并頂切詩云鞞琫容刀說文曰刀室也說具琫下

鞘私妙切刀室也古通作削又作韒又師交切令乘輿之出肯有鳴鞘㠯蹕行者國朝會要曰黄質紫斑文金銅飾紫絛帉鐠搜雅曰韉山切來謂之鞘韉綏也

⿰革叟楚厓切箭室也

鞬居言切弓衣也傳曰又屬櫜鞬杜氏曰櫜㠯受

韊　韇　鞃

箙鞬㠯受弓說文曰所㠯戢弓矢又作[illegible]

韊洛干切弩矢室也漢書作籣韓延壽傳騎士抱弩負籣如淳曰盛弩箙服也

韇迖谷切㠯革爲匵也士冠禮曰筮人執策抽上韇亦作韣見韋部說文曰韇弓矢韇也

鞃苦弘切㠯革冒軾也說文曰軾也讀若穹孫氏丘弘切

詩云鞹鞃淺幭言㠯鞹爲鞃㠯淺爲幭尚

韅　靷

其文也毛氏曰軾中也孔穎達曰靷爲軾中蓋相傳爲然以革冒軾中爲固也顧野王曰軾中靶也孔顧之說近是

韅許見切說文作韅曰著掖鞥也鞥孫氏烏合切纏鞥也傳曰韅

靷鞅韅杜氏曰在背曰韅

靷余忍切又去聲說文曰引軸也𩌏籀文詩云陰靷

鋈續毛氏曰靷所以引也孔穎達曰驂頸不當衡橫軛之耑別有驂馬二靷以皮爲之耑繫驂馬頸後繫陰版之上𠂇氏傳鄭無恤曰兩靷

鞅　靽

収鑾吾能止之駕而棄寸兩靷皆鑾杜氏曰在匈曰靷按古通作引又作紖說文曰牛系也

鞅倚兩切說文曰頸靼也杜氏曰在腹曰鞅傳曰御下兩馬掉鞅而還又曰太子抽劍斷鞅按鞅可掉欲軔車者斷鞅鞅非在腹也又僭為鞅掌之鞅莊周曰鞅掌為之使

靽博漫切杜氏曰在後曰靽類篇曰駕牛具集韻靽絆羈靽也按靽

靳　靮　勒

卽絆也在後爲靽

靳居近切說文曰當膺也𠂇氏傳王猛曰吾从子如驂之靳杜氏曰靳車中馬也言如驂之从服也詳其辭意不然猛蓋自比於靳僭爲靳吝之靳靳侮之靳

靮丁歷切說文曰馬羈也記曰孰執羈靮鄭氏曰靮紖也類篇曰繮也

勒歷悳切馬銜勒也周禮曰革路龍勒厥

鞗

小昌三十六

翟勒面說文曰馬頭絡銜也一說馬轡有銜曰勒無曰羈按有銜曰勒者勒所以約勒也引銜當馬面故曰勒面凡約勒之義皆取焉

鞗田聊切詩云鞗革沖沖毛氏曰鞗轡也革轡首也又曰鉤膺鞗革鄭氏曰轡首垂也又曰鞗革金厄鄭氏曰轡也郭璞曰轡靶轡所把之外有餘而垂者謂之革條皮爲之謂之鞗革按鞗革一物而毛鄭屢變其說郭氏之說佀昰之

靶　鞁　鞍　韉　鞭

靶必駕切說文曰轡革也按此即轡字

鞁平義切駕車馬具也漢志路車駕被具單作被說文曰車駕具也別作紴說文曰車紴也或作茯或作鞴

鞍於寒切鞁馬具人所跨者也說文曰馬鞁具也

韉則前切鞍韉也今謂障泥說文曰馬鞁具也或作韀

鞭賓連切已革為支也說文曰驅也𠓻古文鞭本已革為之皮革隨人身圜轉故鞭背而不傷

五藏按北史崔伯謙不忍見血改用韋鞭

鞠

鞠居六切㠯革裹毛爲毬蹵蹋爲武戲也今謂之毬說文同音而異字者凡五其一曰鞠蹋鞠也匊聲或作𥷚从⿱竹執其二曰𥷚窮理罪人也从㚔从人从言竹聲或作⿱竹執其三曰匊曲脊也𥷚省聲其亖曰鞠窮也其五曰⿱穴執窮也⿱竹執聲⿱竹執與𥷚同俗又有毱皮毛丸也鞫裹也踘蹋也又有⿰匊刂⿱穴執⿱穴匊⿰身匊⿱竹匊文而義不明按鞠之義有爲曲者爲窮者皆㠯其聲通也鞠之爲物包裹曲局受

戲蹋而無所逃非特其義然其𣪊固然也故其義非但爲曲爲窮而又爲鞠窮爲鞠穹丘仲切俗作躬伷大略爲曲局窮戲不見申之義故曲躳爲鞠躳母之褏子傴僂任之亦謂之鞠詩曰父兮生我母兮鞠我皆取曲鞠之義也書云自鞠自苦詩云昔育訊育鞠又曰鞠爲茂艸又曰鞠哉庶正皆窮戲

之義也訊獄訟者必窮其情故爲鞫獄之云鞫又因之爲鞫攷之義詩云陳師鞫旅毛氏曰告也非又有曲音與麯通用鞫窮藥名也今曲窮之音爲芎今人讀鞫爲芎非

韇

韇求俗切說文曰韋繡也國語曰輕罪贖以韇盾一戟韋昭曰綴革文如繢也又作鞼

䩭

䩭圭玄切又古穀又狂沇切說文曰大車縛軛靼

韄　䩩　靲　韋

韄烏百乙角二切說文曰佩刀絲也三蒼曰佩刀弝中韋也莊周曰外韄者不可繁而捉向氏音霍李氏曰縛也

䩩於遠切又弓戟說文曰量物之䩩也一曰抒井䩩又作鞔

靲巨禁切又弓戟士喪禮重用二鬲盛鬻冪繫用靲康成曰竹䉌也按靲乃以革爲䉌也

韋羽非切革之已柔者也本韋北之韋借爲韋革之韋因而生子故自爲母所謂有小宗

而爲大宗者也說文曰韋相背也从舛口聲獸皮之韋可己束枉戾相韋背故借己爲皮韋䪅古文

韋之龤聲

韠

韠卑吉切市也記曰韠君朱大夫素士爵韋圜殺直天子直公侯前後方大夫前方後挫角士前後正韠下廣二尺上廣一尺長三尺其頸五寸肩革帶博二寸一命緼

韐

韍幽衡再命赤韍幽衡三命赤韍葱衡康成曰韠之言蔽也說文曰所以蔽歬士冠禮皮弁服素韠玄端爵韠

大九十六

韐古合切士冠禮爵弁服韎韐鄭康成曰韐合韋爲之韐韍之制佀韠說文帢从市士帶有帢制如榼缺三角爵弁服其色韎别作韐傳曰有韎韋之跗注君子也跗注韐也或服下注於跗故謂跗注

韎　　韝

韎莫佩切詩云韎韐有奭以作六師說文曰茅蒐染韋也一入為韎鄭氏曰韎韐縕韍也染以茅蒐亝人謂蒨為韎又曰縕赤黃色所謂韎也按鄭氏蓋誤以冠禮爵弁服為士服故以韎為縕為赤黃色韎韐以作六師非士也春秋傳亦曰有韎韋之跗注君子也稱君子非謂士也古者自冕至端貴者通服之而兵事服韋弁韎韐韋弁之服也士冠禮攝盛故三加而韎韐猶昏禮之乘墨車也染以茅蒐即赤韍矣不复有黃色

韝古侯切臂沓也以韋韜褏以便執事也

韘

射者用之又謂之拾亦謂之遂說文曰射臂決也

詩云決拾既佽弓矢既調毛氏曰遂也已皮爲之著諸臂所已遂射也鄉射禮袒決遂鄭氏曰遂射韝也已朱韋爲之著𠂇臂所已遂弦其非射也則謂之拾拾斂也所已蔽膚斂衣也射者之服也漢董偃綠幘傅韝執事者廝役之服也臂雁者亦已韝

韘失葉切指沓也已齒骨若木爲之韜之

韤　韔　韜

㠯韋㠯韜指決弦也故又謂之決（或作𢐀　說文曰韘弦決也所㠯拘弦㠯象骨韋系著又巨指）詩云童子佩韘（毛氏曰決也）

韤亾發切足衣也（別作韈韤襪袜絉淮南子曰絉則躧履之）

韔丑亮切弓衣也詩云交韔二弓

韜他刀切所㠯幍器者也（說文曰劒衣也）又作縚

又夻㱿

韣　韞　⿰韋段　韛

韣徒木切所以韜斂之器也說文曰弓衣也記曰帶以弓韣又曰載弧韣旂十有二旒鄭氏曰弧拄旂所以張幅者其衣曰韣又作襡曰斂簟而襡之與

韇通

韞委隕切韜韇也子貢曰韞匵而藏諸

⿰韋段徒玩切說文曰履後帖也或作緞

韛皮拜切韋囊也鼓之以熾火

韢 韓 韌

韢呼桂呼桂二切說文曰橐紐也一曰盛虜頭橐也徐鍇曰謂戰伐以盛首級紐所以關橐按今以衣紐之牝環爲韢或作襩⿱臤衣

韓胡安切說文曰井垣也从韋取其帀按說文之義亦未安疑非本義書傳用爲國名

韌如吝切殼柔刃難斷也古通作忍亦借用刃鄭氏喪禮注曰王棘擇棘善理堅刃

弟　毛　毳

韋之疑

弟徒禮切又去聲說文韋束之次弟也从古字之象弟古文从古文韋丿聲按弟未必从韋次弟之弟去聲令俗作第又爲兄弟之弟上聲因之爲孫弟孝弟去聲俗作悌

毛莫袍切獸毛也象形

毛之會意

毳此芮切毛之細縟者周禮曰共其毳毛

尾　屬

爲氊詩云毳衣如菼引之爲毳弱之毳謂輕耎不堅忍易折斷荀子曰小敵毳別作脃見肉部

尾亡匪切从尸省毛屬於尸爲尾也

尾之鰭鬣

屬專欲切尾著也屬目注目也別作矚己言屬之亦曰屬別作屬僭爲洞洞屬屬之

屈

屬別作濁屬於我者爲屬市玉切俗作属屬之固者爲屬之喻切

屈曲律切曲其尾也引之則凡屈而不申者皆曰屈別作詘誳言之屈也蚰蝠蟲之屈也又渠勿切彊曲也引之爲屈彊負力不屈也別作𡲐勪倔踞弡𩩲又隹尾也引之爲短屈別作𡱈橛又九勿切楚有屈氏晉有屈地又丘月切

小五十

求

后之衣闕翟亦作屈狄

求渠鳩切已皮毛爲衣也从人毛又𢻲說文曰象形一曰ㄡ象領及督也俗爲求索請求之求（求之本文爲求取之求所擅故別太裘文加衣）

毛之龤𢻲

氂

氂呂之切細毛也言度者已十氂爲毫亦俗用釐

毨　氄　毰毸　氈　毯

毨息典切毛夏脫秋叓生潔治也與洗通

氄乳允切又乳勇切㲝毛茂密也說文作

㲝隼觳或作衰错

毰替回切毸蘇來切又作毢毛羽芃鬆輕圜

皃古無此字

氈遮延切聚毛爲縟也亦僭用旃薦二字

毯他敢切毶毛之輕積如菼者菼蘆荻芛也

毼　毾𣯍　氍毹

詩云毳衣如菼言如菼不當有毯字令去

㠯毛織成蓐爲毯說文作𦃃帛騅色引詩毳衣如𦃃又作緂

毼胡葛切士喪禮曰毼豆兩鄭氏曰白也顧氏曰罽也

鄭氏曰毼雞似雉青色

毾土盍切𣯍都能切說文新附東漢書身毒國出細布好毾𣯍

埤蒼曰毛席也

氍其俱切毹羊朱切說文新附曰毾𣯍氍毹皆氈緂之屬氍又

氅　麾　毬　巤

作㲘毹又作氀

氅昌兩切說文新附曰析鳥羽爲旗纛之屬

麾許爲切㠯毛爲旌麾持㠯指麾也書曰又秉白旄㠯麾周禮曰建大麾㠯田說文作摩旌旗所㠯指麾也無麾字

毬渠鳩切鞠丸也

巤良涉切毛巤也通亦作鬣說文曰从囟象髮在囟上毛髮

巤巤之形與籒文子字同按巤字下與鼠同蓋象獸之毛巤

禸

禸[篆] 孫氏人九切說文曰獸足蹂地也象形九殸蹂篆文爾雅曰貍狐貒貈醜其足蹯其迹厹女九人九二切古文爲蹂字 詩云厹矛鋈錞毛氏曰三隅矛也陸氏音求

厹之龤殸

禽

禽巨今切鳥獸禽獲之通名周官庖人掌共六畜六獸六禽凡用禽獻旾行羔豚膳

膏香夏行腒鱐膳膏臊秋行犢麛膳膏腥冬行鱻羽膳膏羶司馬三旹之田皆致禽大獸公之小禽私之易曰即鹿無虞㠯从禽也又曰隼者禽也記曰猩猩能言不離禽獸鸚鵡能言不離飛鳥大凡飛曰鳥走曰獸鳥獸之禽獲者皆曰禽故三旹之田效所獲皆曰致禽而鱻羽爲禽獻又㠯大

小分之則大爲獸小爲禽引其義則戰鬥而執獲亦曰禽又渠禁切爾雅曰二足而羽謂之禽鄭康成曰鳥獸未孕曰禽說文曰走獸緫名也三說皆非別作擒𢿌捦擽㚘非說文曰𢿌

持也

厹之疑

禺

禺孫氏牛具切說文曰母猴屬頭佀鬼从厹爾雅曰寓鼠之屬嗛鄭氏曰彌猴之屬寄寓木上嗛謂藏食於頰閒按爾雅之寓即說文之禺鬼安旻有象禺與鬼未知

离　禹　禼

孰爲字母也

离 孫氏呂支切說文曰山神獸也从禽頭从厹从屮歐陽喬說离猛獸也徐鉉曰从屮義無所取疑象形

禹 王矩切說文曰蟲也从厹象形𥝌古文古爲夏帝名

禼 孫氏私削切說文曰蟲也象形讀與偰私削切同𥝎古文

孫銓謹校

六書故第十八

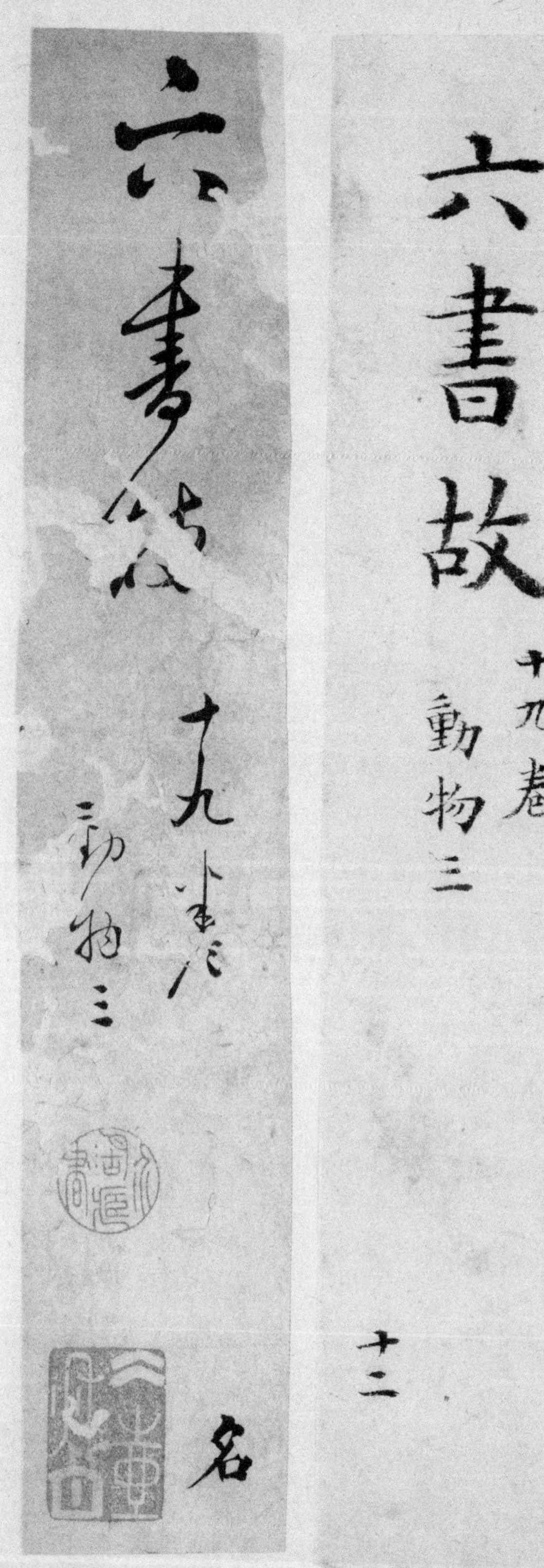
六書故
十九卷
動物三
十二
六書故
十九卷
動物三
名

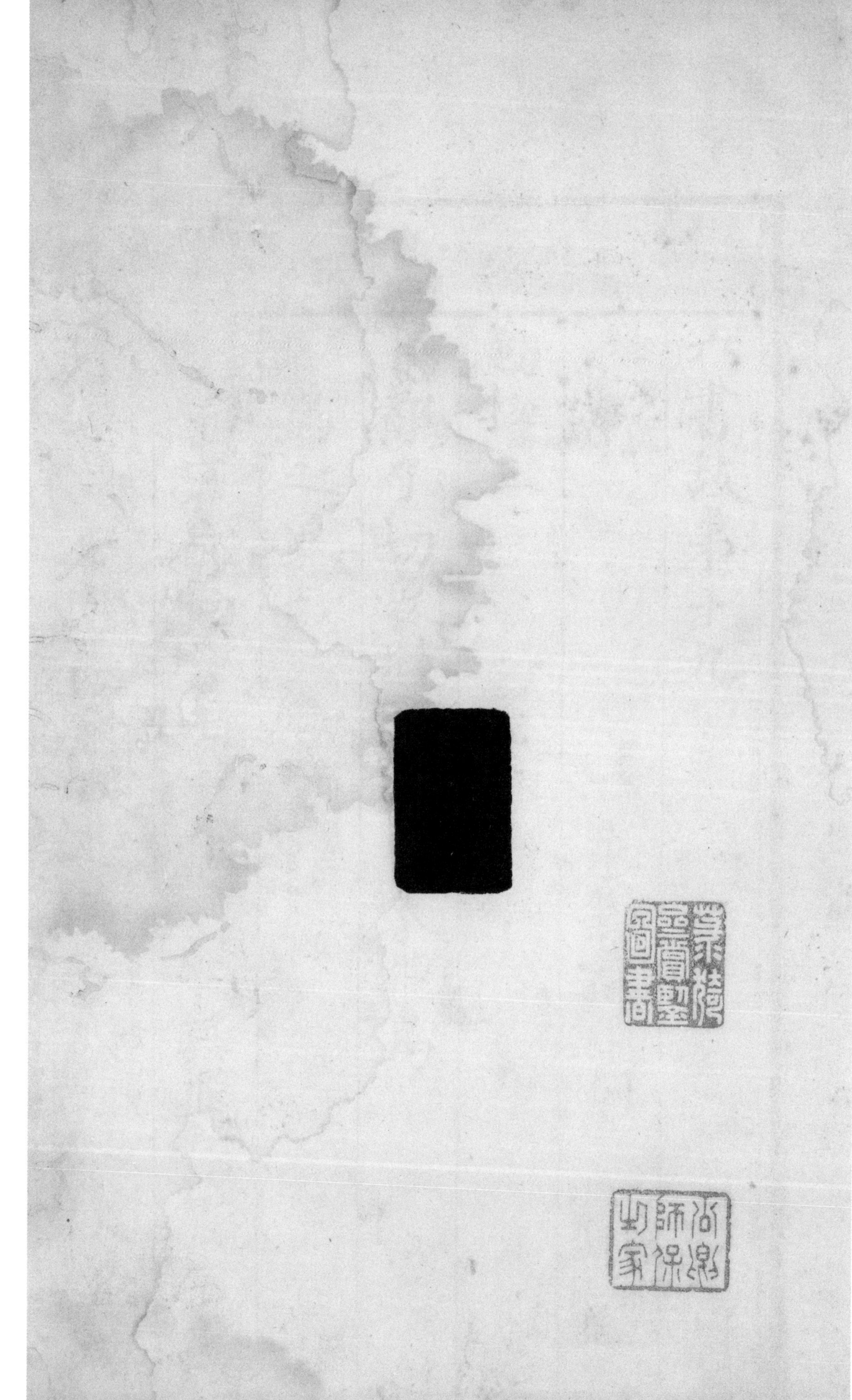

六書故弟十九

永嘉戴　侗

動物三

鳥

[illegible]都了切象形[illegible]古文象飛鳥

鳥之象形

烏

[illegible]哀都切[illegible]古文鴉也象其飛烏睘不辨其目故眂烏而殺之又作[illegible]說文曰象古文省　又於加

於

切别作鴉又作鵶烏與鴉實一聲之轉皆因其鳴聲㠯謂之非有二字也人之發聲曰烏亦僭用之書曰黎民於變旹雝又曰於鯀哉曰烏呼亦作於呼皆發語歎辭也烏呼有鴉呼之音俗亦作歍歌啞有噫戲之音皆一聲之轉也又僭爲烏有烏旻之烏亦作惡與安焉於虔切聲義相通烏色黑故俗亦謂

焉

睘曰烏於又衣倶切僭爲辭助與亏義相近又僭爲於邑之於於邑猶鬱邑也

焉亏乾亏閒二切白馬雉屬人多畜玩之雄者純白頳脚尾長三二尺象其彤今俗書作鷴說文作鷳閒聲鶠也焉鳥黄色出江淮僭爲辭助又於乾切僭爲焉旻焉能之焉與烏安通

烏之會意

鳴

梟

鳴母兵切鳥言也

梟堅垚切磔鳥也又爲惡鳥名說文曰不孝鳥也日至捕梟磔之从鳥𦣻在木上睭氏曰梟樚勞也羽灰褐色闊白頭兩䎡黄㞢而能自食則食其母漢使東郡送梟五月五日作羹以賜百官眭聲考祥經曰梟聲空習笯祝傳曰甑瓦可以令梟宋皆以其聲可惡也梟鶹一物按野人謂伯勞侶畫眉而短尾或謂樚勞探食他巢之卵而卵其中他鳥不知而字之比長則啖其字己者故旻食母之名或云伯勞卵於鄭公之巢梟鏡皆以爲名樚勞殆是梟也然爾雅又以伯

鷇　鳩

勞爲鶪康成曰伯勞五月鳴傳曰伯趙氏司至者也杜氏曰伯勞以夏至鳴冬至止然則七月鳴者非伯勞矣

鳥之龤聲

鷇古豆切雛也爾雅曰生哺鷇謂須母哺之者燕雀之類是也別作㲉又克角切皆非

鳩居求切鳩類不一傳曰少皞氏官有五鳩祝鳩氏司徒也鵻鳩氏司馬也鳲鳩氏

司空也爽鳩氏司寇也鶻鳩氏司事也杜氏曰祝鳩鷦鳩也鵻鳩王鵻也鳲鳩秸鞠也爽鳩鷹也鶻鳩鶻鵃也説文曰鳩鶻鵃也徐鍇曰秸鞠布穀也按今俗通謂鳩者有班鳩又謂班隹其筮小者頸有白班點點其聲若曰布穀故謂之布穀又謂勃姑又謂步姑班鳩之聲略佀布穀而短濁拙於營巢架構數支僅卵翼其上故俗謂拙鳩鳩未嘗居

鵲巢詩人葢假諷㠯比興也班鳩希㲉膳食之珍又有青鳩好食桑黮食黮而醉毋爲人旻其㲉畫壷故俗謂之畫壷又謂禍鳥詩所謂吁嗟鳩兮毋食桑黮周禮中春獻鳩㠯養國老貽此物也其他鳩類不可悉辯惟班隹希㲉單㠯鳩名僭爲鳩聚之鳩傳曰五鳩鳩民者也又曰釋三國之圖

鳲　鵀

㠯鳩其民曰敘使魯無鳩乎

鳲式脂切詩云鳲鳩在桑毛氏曰秸鞠也方言曰自關而東謂之戴勝陸璣師曰尸穀也男事興而尸穀鳴女功興而戴鵀鳴尸鳩戴勝不可謂爲一物說文單作尸

鵀如林切戴勝也古單作任記曰季春之月戴勝降于桑爾雅曰鵖鴔戴鵀陸璣師曰鵀首有文如勝故曰戴勝按相如賦㒳王母白首戴勝顏師古曰勝婦人首飾漢世謂之䇯勝

鴿

鴿古沓切鳩類也人多畜之十百爲群从人

夻戞歸

鷬

鷬常遵切鶉鷬也䟶䟶好鬪人多畜之其味美詩云鷬之奔奔記曰膳雉兔鷬鷃說文雜从隹又南方之宿朱鳥曰鷬首鷬火鷬尾

鷬

鷬恩含切亦作䳺从隹此非鶉鷬也

鴽

鴳

鴽人諸切公食大夫禮庶羞雉兔鶉鴽記曰鴽釀之蓼月令曰田鼠匕爲鴽爾雅曰鴽鴾母鄭氏曰鴽母牟音無儀禮注作無母說文雓从隹牟母也亦作鴽

鴳烏諫切內則膳鷇鷃蜩范亦作鷃晉語曰䴍公弢鴳不能韋昭曰鴳扈小鳥也杜氏曰青鳥鶬鷃也昔鳴夏止莊周曰斥鴳騰躍而上不過數仞而下翱翔蓬蒿之閒司馬彪曰鴳雀也

鵲　　鶴

鵲七雀切鳥類以其聲名之又作舄說文舄知太歲所在故象其形按舄未見其與鵲形相象篆文作鵲舄又思積切僭為舄屨之舄屨底曰舄別作⿰革舄鞜

鶴下各切高鳥白羽丹頂玄尾脩頸高足鶴皆卵生俗謂胎生又謂千歲以為玄鶴皆誕也又作鸖又與翯通詩云白鳥翯翯孟子作鶴鶴毛氏曰翯翯肥澤也或作皠說文曰鳥之白也又胡沃切

鸛鵠

鸛古奐切鸛雀小於鶴

鵠胡沃切孟子曰一心以爲鴻鵠將至記曰鵠梟胖楚辭曰鵠酸臇鳧又曰黃鵠後旹而寄処鴟梟群而制之陳勝曰燕雀安知鴻鵠之志漢高帝歌曰鴻鵠高飛一舉千里賈誼賦曰黃鵠之一舉兮知山川之紆曲子虛賦曰弋白鵠漢書曰黃鵠下建

章宮太液池中顔師古曰鵠水鳥也其聲鵠鵠云周官司求射吕共矦設其鵠鄭司農曰鵠鵠毛也康成曰謂之鵠者取名於鳱鵠鳱鵠小鳥難中是吕中爲雋晷吕衆說鵠葢鴻類鳥之大者康成鳱鵠小鳥之說未肰或曰遼人謂之天鵞正鵠之鵠亦通作告古毒切

鷩

鷩必削切周官亯先公饗射鷩冕說文曰赤雉也鄭氏曰似山雞而小冠背毛黄腰下赤項綠色鮮明顔師古曰俗呼爲山雞非也

鵔 鸃 鷮 鳳

鵔私閏切鸃負羈切說文曰鷩也秦漢初侍中冠鵔鸃佀山雞而小或曰今錦雞也

鷮舉喬巨嬌二切詩云依彼乎林有集維鷮毛氏曰雉也說文曰走鳴長尾雉也乘輿吕爲防釳許訖切蔡邕曰方數寸㠯甾羽釳著馬頭上陸璣曰微小於翟長尾走且鳴肉甚美故語曰亖足之美有麃兩足之美有鷮埤雅曰雉之健者爲鷮尾長六尺按雉鮮集亐木鷮恐非雉

鳳馮貢切鳳皇也書云簫韶九成鳳皇來

儀詩云鳳皇鳴矣于彼高岡語曰鳳鳥不至河不出圖吾已矣夫蓋以爲治世之祥也爾雅鶠鳳其雌皇天老曰麟歬鹿後蛇頭魚尾龍文龜背燕頷雞喙五色備舉出於東方君子之國見則天下大寍飛則群鳥从之以萬數說文曰朋古文鳳象形鳳飛則群鳥从以萬數故以爲朋黨字鵬亦古文按朋乃鵬也皇又作凰

鸞

鸞洛官切說文曰雞形赤色五采山海經曰鸞佀翟而五采古者車有鸞和皆鈴類也詩云輶車鸞鑣曰八

鸑　鷟　鵷

鑾鈒鈒三馬故八鑾毛氏曰鑾在鑣和在式杜元凱曰鑾在鑣而和在衡旂之上亦有鑾則爲鑾旂刀之有鈴者爲鑾刀别作鑾

鸑五角切鷟士角切周語曰周之興也鸑鷟鳴於岐山說文曰鳳屬神鳥也江中有鸑鷟佀鳧而大赤目或曰鳳之别名也按鸞鳳鸑鷟皆爲鳥之祥既不常有其物色葢不可詳

鵷於袁切莊周曰南方有鳥其名鵷鶵史

記相如賦鵷雛孔鸞漢書單作宛雛鄭璞曰鳳屬張揖曰佀鳳

鶯

鶯烏莖切黄㮚畱也又作鸎又名離畱離黄鶯與㮚畱離畱皆因其聲而命之黄言其色也又名倉庚詩云倉庚于飛熠燿其羽又名商庚陸璣曰幽人謂之黄鸎一名楚雀齊人謂之摶黍孔氏曰倉庚即黄鳥也舅駟曰毛公釋黄鳥為摶黍倉庚為離黄明為二物詩云交交黄鳥止于棘止于楚又云無啄我㮚無啄粱黍明非離黄色之明燿者因亦謂

鸒 鵯鵊鴇

鶯詩云交交桑扈有鶯其羽有鶯其領毛氏曰鶯然有文章

鸒羊處切詩云弁彼鸒斯爾雅曰鸒斯鵯鶋字林曰楚烏也郭璞曰雅烏也小而多群腰下白江東呼爲鵯烏按鸒斯猶螽斯鹿斯也爾雅讀詩已誤況後來者乎俗遂有鸒字

鵯必移切鵊古洽切鵯鵊鳴旦之鳥

鴇愽好切詩云肅肅鴇羽集于苞栩毛氏曰鴇

之性不㩙止說文曰烏也肉出尺胾徐鍇曰鴇大於雁虎文無後止不㩙止顏師古曰今呼爲豹聲之譌也別作鳵鴇

鶡

鶡胡割切月令曰仲冬之月鶡旦不鳴鄭氏曰求旦之鳥也說文曰鶡侶侶雉出上黨鳴渴旦也顧野王曰鶡侶雉而大青色有毛角鬥死乃止晝夜鳴侶雞鴠鳴一名倒縣漢書鶡雀飛集丞相府蘇林曰今虎賁所著鶡也師古曰非也鶡雀之鶡音芬本作鳻鳻雀大而色青出羌中虎賁所著色異出上黨已其鬥死不止故已飾武弁今俗所謂鶡雞也按鶡旦爲求旦之鳥狀旦則

鳴故謂鶡曰亦曰渴曰別作鴠非顔師古曰鶡爲鴠亦未然

鷊　　鶂

鷊五歷切又郎毄切綬鳥也爾雅曰鷊綬埤雅曰大如鸜鵒頭頰似雉吐物長數寸如綬食必蓄嗉臆肯大如斗慮觸其嗉行必遠草木俗謂之錦囊又謂功曹按埤雅言鷊之大僅如鸜鵒而臆乃如斗亦不察矣野人有饋予錦囊者其大如雞頷下有錦囊鳴則囊見詩云卭有旨鷊毛氏曰綬艸也

鶂五歷切又研奚切旾秋曰六鶂退飛過

鶪

宋都穀梁氏作鶃說文曰鶃或作鷊司馬相如賦䳘从赤杜元凱顧野王皆曰水鳥也三蒼曰鶬鶃也孟子曰陳仲子有饋其兄生鵞者己頻戚曰惡用是鶃鶃者蓋僭吕喻鵞聲

鶪古闃切詩云七月鳴鶪月令仲夏鶪始鳴爾雅曰伯勞也伯勞伯趙也傳曰伯趙氏司至者也杜氏曰伯勞吕夏至鳴冬至止鄭氏曰伯勞五月鳴豳地晚寒故鶪吕七月鳴郭璞曰佀鶷鶡而大陳思王曰

鴂

其音鶪鶪云別作雎按說者吕伯勞爲梟詳具梟下幽地雖寒倉庚莎雞蜩皆吕皆鳴鶪鳴何吕獨晚鄭氏葢與就傅會之說鶪鴃非伯勞也

鴂古穴切孟子曰南蠻鴃舌之人離騷曰恐稊鴂之先鳴兮稊亦作鶗使夫百艸爲之不芳史記曰百艸奮興秭鴂先嘷說文曰鴂寍鴂也方言曰巧婦一名寍鴂集韻曰寍鴂旾分鳴則百艸芳秋分鳴則衆芳歇徐廣曰秭鴂子規也別作雉

鷤　鴂　鵑

鷤如連切鴂古攜切揚雄反騷曰徒恐鷤鴂之將鳴兮顧先百艸爲不芳鴂亦通用歸巂規爾雅曰巂周別作雉鴂鷤韻書田黎切單非田黎之音當作如連切鵑古員切按鷤鴂鵑古書名物多錯互聲相通也其實鴂鵑鳺一物鴂秭歸也似小鷂常以春莫嗥鳴其音哀若曰鴂鵑與鳺者故以此旻名或謂秭鳺或名杜鵑俗作鳭鵑非或名

詉豹或名望帝是鳥也不北夆故邵雍夫
聞鴂於洛吕爲地气自南而北占岳之徵
亂所謂南蠻鴃舌殆此也揚雄所謂鷤鴂
即離騷之稗鴂也説者亦吕爲秭歸秭歸
鳴於晢莫與百屮不芳之説不合疑别自
爲一物夫知盜鴂爲何物疑即詩所謂鳴
鵙七月始鳴故言百屮不芳也

鴟

鴟處脂切舊畱也又名鴟鵂莊周曰鴟鵂夜撮蚤察毫末晝出瞋目而不見丘山淮南子曰鴟夜撮蚤蚊察分秋毫今人謂之竹雈毛角貍首睅目夜則飛鳴其聲若鴟其和聲骨鹿云故又名骨鹿鴟聲狀惡而夜出飛鳴故又謂怪鴟詩云爲梟爲鴟說文作䧳𨿽是偽切也𨿽鴟也或作鵄詩云鴟鴞鴟鴞既取我子

無毁我室爾雅曰寍鳩也方言曰自關㠯東謂桑飛爲寍鳩陸璣曰鴟鴞佀黄雀而小其喙如錐取茅秀爲巢㠯麻紩之如刺韈幽人謂之寍鳩或曰巧婦或曰女匠或曰過鸁關西謂之桑飛或謂之韈雀或曰巧女按鴟鴞之詩乃爲鳥言吟鴟鴞而語之曰汝旣取我子矣無又毁我室說詩者誤㠯免篇皆爲鴟言又因綢繆牖戶之說故傅會㠯爲桑飛巧婦葢讀詩之誤也鴟鴞搏食之鳥也疑郎所謂鵂畱畱鴞聲相近也賈誼賦曰鸞鳳伏竄兮鴟鴞翺翔鴞或作梟顏師古曰鴟鵂怪鳥鴞惡聲之鳥也㠯賈誼賦觀之則鴟鴞與鸞鳳各爲二物然㠯詩意觀之則鴟鴞殆非

鴞

二物賈賦作梟者是與詩所謂爲梟爲鴟者同非鴟鴞也漢志載樊其巢顏師古曰鴟也音緣𢦏非緣聲疑卽鴟字

鴞亐驕切又堅蕭切青鳩也詩云墓門有梅有鴞萃止毛氏曰惡聲之鳥也又曰翩彼飛鴞集亐泮林食我桑黮褱我好音鄭氏曰鴞常惡聲食桑黮而改鳴陸璣曰鴞大如班鳩綠色惡聲之鳥也入人家凶賈誼所賦鵩是也肉甚美可爲羹臛及炙漢共御物各隨其耑惟鴞冬夏常共之㠯其美故也埤雅曰鴞禍鳥也今謂之

畫烏按陸氏所謂大如班鳩綠色卽肩所謂青鳩好食桑椹其聲亦不惡未嘗入人家爲妖故詩謂好音非因食桑椹而改音也禍書乃因其鳴聲而命之不察者但見其與鴟梟互稱又呂禍爲名故謂之不祥其實非也莊子曰鳩鴞之在籠鳩鴞皆籠畜蓄人所膳司馬彪亦曰鴞小鳩可炙者

鷂

鷂弋笑切沈鷙鳥又名題肩俗作鶗鶻題又作鷂

鶻

鶻胡忽切鷙類也爾雅曰鶌鳩鶻鵃說文鶻鶻鵃也鳩鶻鵃也孫氏古忽切鶌鶌鳩也孫氏九勿切郭璞曰鶻鵃似山鵲而小短尾青黑色多聲徐鍇

曰鷗鳩佀山鷂而小短尾多聲鶻鷗聲相近䏶一物也按鶻㠯鷙稱古今所共鶻鵃糾有其物乃合二字㠯爲名不昰爲正義

鸇

鸇諸延切鷙鳥也傳曰雁鸇之逐鳥雀孟子曰爲叢毆爵者鸇也陸璣曰佀鷂青黃色燕頷句喙鄉風揺翅因風疾擊鳩鴿燕雀食之說文曰晨風也按詩云鴥彼晨風鬱彼北林晨風䲽風也猶言䲽云夜雨鴥言風之凡也風凡而林木披靡故曰鬱彼北林若晨風爲鸇則當言集彼北林不昰言鬱自爾雅誤仞鴥爲鳥飛因㠯晨風爲鸇俗遂制鷐字繆

鷻　鶚

矣鶡別作鸇鷐

鷻度官切詩云匪鷻匪鳶翰飛戾天毛氏曰雕也雕鳶貪殘之鳥說文亦曰雕也詳見雕下按詩作鶉鶉乃鶻鶉此當作鷻

鶚鶚五各切鷙鳥之大者也漢鄒陽曰鷙鳥絫百不如一鶚孟康曰大雕也顏師古曰鶚乃大鳥之鷙者非雕也說文無鶚而有䳡鷙鳥也孫氏與專切徐鉉曰屰非聲疑从隺省俗作鳶非按屰非與專之聲此卽鶚字孫音誤也

鳶　鷲　鴝

鳶與專切鷙鳥也說文無此字凡雕鶚鷻鳶隼鶚鷂鶻皆搏擊之鳥雕鶚鷻隼則盤空下瞰鷂鶻則沈匿側伺爾雅曰鳶鳥醜其飛也翔埤雅曰鳶鴟也

鷲疾僦切說文曰鳥黑色多子漢書匈奴生奇才木就羽單作就顏師古曰大雕也黃頭赤目羽可爲箭笴詳見雕下

鴝其俱切亦作鸜鵒余蜀切亦作鵴鴝鵒小鳥

鵒　　鸚　鵡　　鴷

剔其舌而教之則能言考工記曰鸜鵒不踰泲鸜鵒來巢於魯春秋記其異俗亦謂步鵒

鸚烏莖切鵡文甫切別作鵡鸚鵡鳥之能言者出南越其類不一南人呂白者爲鸚鵡綠者爲鸚哥其最黠而善言者謂之秦吉了

鴷力薛切爾雅曰鴷斲木又名啄木銳喙

鷓　鴣　　鶬　鴰

長舌如餂鉤啄木空鉤食其蠹

鷓之夜切鴣古乎切生閩蜀交廣形侶母雞而小其鳴若云鉤輈格磔或繹之爲行不得又有竹雞類鷓鴣其鳴若云泥滑滑飛不能高

鶬七岡切亦作鶬鴰古活切爾雅曰鶬麋鴰顏師古曰關西呼爲鶬鴰山東通謂之鶬鄙俗名鎗落又謂鴰捋皆象其鳴聲詩云鞗革

鵾 鷦 鷯

有鵠毛氏曰言有法度也鄭氏曰金飾皃

鵾古渾切楚辭曰鵾雞啁哳而悲鳴又作

鶤爾雅曰雞三尺曰鶤相如賦曰亂昆雞單作昆張揖曰似鶴黄白色

鷦即消切鷯力幺切小鳥也莊子曰鷦鷯巢於深林不過一支爾雅曰桃蟲鷦其鴜鴱鷯鶉其雄鵲又曰鴂鷯剖葦說文曰鷦𪃍桃蟲也鷯刀鷯剖葦食其中蟲說苑曰鷦鷯巢於葦苕著之以髮取茅秀爲巢至精密以麻紩之如刺韈故俗呼韈雀又曰工雀巧婦女匠也方

言曰幽州謂之鸋鴂或曰巧婦自關㠯東謂之工雀或謂之過𪇰或謂之女匠自關㠯西謂之桑飛或謂之韤雀陸璣曰鷦鷯微小於黃雀其雛𠤎爲雕故俗云鷦生雕鄭璞曰鳭鷯江東呼爲蘆虎佀雀青班長尾鷦䳈桃雀也俗呼巧婦小而生雕鶚者也按鷦鷯鷦䳈鳭鷯皆一聲之轉不過一物尒㠯莊子及諸人所言嘼之小鳥也小鳥之巧於爲巢者有桑飛俗謂桑錢又不若黃頭繡眼之巧黃頭又不如茅雀之巧也桃蟲之說乃說詩之傅會也小毖之詩曰肇允彼桃蟲拚飛維鳥毛公始謂桃蟲爲鷦鳥之始小㒫大者鄭氏則曰鷦之所爲鳥題肩也或曰鴞也毛鄭皆謂鷦𠤎爲

大鳥而陸璣則謂鵻生雕其說又轉譌矣要之無始小免大之理亦無㠯小生大之理二說皆不可信而分鵻鷲爲二物則尤誤也

鷸

鷸余律切傳曰鄭子臧好聚鷸冠莊周曰皮弁鷸冠爾雅曰翠鷸說文曰知雨鳥也引記曰知天旹者冠鷸徐邈曰一名翠侶蔡組色出鬱林取其毛羽㠯飾冠又作鶐音述顔師古曰鷸大鳥即戰國策所云啄蚌者也天將雨鷸則知之翠鳥自有鷸名而飾冠者非翠

鷺

鷺洛故切食魚鳥白鷺也爾雅曰鷺舂鉏

别作鸕鵅

⿰札鳥

⿰札鳥側八切鳥佀百舌長喙善敫越人謂之鴰⿰札鳥

鵜

鵜辻兮切鵜胡也詩云維鵜在梁爾雅曰鵜鴮鸅郭璞曰今之鵜胡也好群飛沈水食魚故名洿澤俗呼淘河陸璣曰形佀鶚而大喙長尺餘直而廣口中正赤頷下胡如數斗囊小澤有魚則群共抒水滿胡弃而竭之㠯取魚故名淘河舅氏曰鵜如鶴而灰色淛人謂之灰鶴亦謂鸛按鵜胡葢㠯頷下

大六十

鶘胡淘河特一聲之轉亦鶘安能竭澤盍又因淘河而傅會也胡別作鶘

鶭

鶭分兩切 爾雅鶭澤虞鄭氏曰婟澤鳥也佀水鴞倉黑色常在澤中見人則鳴喚不厺有象主文之官故名澤虞俗呼護田鳥說文婟嫪也言其婟戀池澤也 按婟澤即鸅鸅也又作鴋

鶖

鶖七由切 說文䲦禿䲦也或作鶖从秋徐鉉曰𠂔非聲按柹亦㠯𠂔爲聲 詩云有鶖在梁 毛氏曰禿鶖也顧野王曰水鳥也

鴐

鴐古牙切 說文曰鴐鵞也廣雅曰鴈類 子虛賦曰弋白

鵞　鳿

鵠連駕鵞顔師古曰野鵞也旾秋傳有榮駕鵞俗用駕字別作鴐鴚

鵞五何切鵞鴈同物畜於人者爲舒鴈鵞鴨鴈皆因其聲㠯名之凡鳥多因其鳴聲而名之俗謂鳥能自名者誤也

鳿戶工切鴻鴈昜鳥也秋南而旾北水鳥也故又从水相如賦曰鳿鷫鵠鴇群浮

鳧鴨鶩鷖

說文琟鳥肥大琟琟也或作鳿借爲鴻雁鴻荒之鴻與洪通或曰鳿鴈也鴻乃水之鴻范又鴻洞厺殼

鳧扶俱切鴨繄狎切又作鳬鶩莫卜切鳧鴨鶩同物畜於人者爲舒鳧

鷖烏雞切鷗也詩云鳧鷖在涇毛氏曰鳧屬也倉頡解詁曰漚也埤雅曰鳧屬倉罬色鳧好浸鷖好浮故鷖一名鷗一名水鴞形佀白鴿而群飛風土記曰鷖鷖鴨也呂名自呼按鷖鷗特一聲之轉實一物也凡鶩鴈鳧鷗

鷗　鴐　鴦

鴐鵞雞鶩盧鷀駢跖之鳥皆能浮湛湛而亦負必伏乞不息勢不能久謂鳧好浸而鷗好浮亦不察之論也

鷗烏矦切說文曰水鴞也古單作漚列子曰海上之人有好漚鳥者或曰㠯其浮游水上狀侶浮漚因㠯名之

鴐於袁切鴦於良切水鳥匹游者詩云鴐鴦于飛古今注曰鳧類

鸕　　鶒

𪇆 疾之切盧鷀水鳥佀鴈而黑善𤄎魚人畜之環約其嗉使取魚爾雅曰鶿鷧郭氏曰即鸕鷀也按盧言其色之黑單作盧者是相如賦曰箴疵鵁盧郭璞曰盧盧鷀也箴疵說文作鱵鶿張揖曰佀鳧而蒼黑色

鶒 恥力切水鳥匹游者雄者五采翹首柁尾多在清溪中野人或謂溪鶒或謂雞鶒亦作䳱

鴳　鴆　鷙

鴳古肴切爾雅曰鳭頭鵃說文曰鵁鶄也又曰鳽鵁鶄相如賦曰箴疵鵁盧張揖曰鵁鶄頭鳥按鵁鶄特一字又曰交精旋目單作交精鄭氏曰似鳧而脛高毛冠江東人家養之以厭火災

鴆直禁切毒鳥也以其羽畫酒殺人徐鍇曰狀如鶡紫綠色食蝮一名運目又曰運日鴆酒別作酖非

鷙之利切鳥之矍殺猛厲者曰鷙埤雅曰鷙鳥下擊先側必翅亦通作摯

鴥

鷕

鴥余律許律二切鳥飛卂疾也詩云鴥彼飛隼又曰鴥彼晨風言風之卂疾也說詩者誤吕晨風爲鸇說文遂吕鴥爲鸇飛皃誤矣鴥亦通作矞記曰鳳吕爲畜故鳥不矞鄭氏曰飛走之皃陸悳明曰矞别作獝風之卂疾者也亦作⿺風矞⿺風犬

鷕愈水切鳥鳴聲詩云有鷕雉鳴按詩有瀰濟盈有鷕雉鳴濟盈不濡軌雉鳴求其牡上句瀰與鷕劦下二句盈與鳴劦陸氏讀吕沼切非

鶱　鵮　鴈

鶱虛言切說文曰飛皃按古書通作騫

鵮知咸切長喙啄也鳥之疑

鴈五晏切說文徐本曰鵞也从鳥从人厂聲唐本曰从仄从鳥徐鉉曰从厂从人義無所取當从雁省聲

雁音同說文曰从人厂聲讀若鴈徐鉉曰雁知旹鳥㠯爲摯故从人按二字重复而其義皆不可曉說文㠯鴈爲鵞侶㠯爲人畜故从人然於雁亦不通

隹

[seal]職惟切又子回都回二切短尾鳥也今俗㠯短後爲隹[seal][seal]孔父鼎文[seal]又丁鼎文別作雖詩云翩翩者鵻陸氏曰鵻音隹本又作隹爾雅曰夫不妨浮也陸氏曰夫不一名鵓鳩李巡曰楚鳩也郭璞曰勃鳩也徐本說文鵻祝鳩也隹聲孫氏思允切或作隼杜預曰祝鳩鵻鳩也鵻音焦本又作焦按詩自有隼字隹亦非隼鷻杜氏蓋祖說文㠯祝鳩爲鵻而傳寫之譌遂㠯隹爲焦耳按郭氏所謂勃鳩郎布穀也今人㠯班鳩爲班隹班隹布穀短尾鳥也故又名隹而後人又益㠯鳥胎爲繁夏也又亏追切鍾鼎文皆

雈

僭此爲惟字又子罪切莊子曰山林之畏隹

隹之象形

雈胡官切說文曰鴟屬象其毛角說文曰讀若和爾雅曰萑者鵻鄭氏曰木兎佀鴟鵂而小兎頭有角毛脚夜飛好食雞按今人謂鵂雚爲竹雈

又作雚吅聲說文曰小爵也引詩雚鳴亏垤孫氏工奐切詩之所永乃鸛鸛非小爵且小爵安旻毛角此特雈字亦觀歡讙權皆吕雚爲聲

雈之會意

隻 雟 奞

隻乙獳切說文曰規蒦商也从又持萑一曰眂遽皃一曰蒦度也

萑之䳏聲

雟巨救切雟𨚗也許㒵鴟下說文曰或佗鵂亦音

休㒟爲新雟之雟

奞息追切孫愐息晉切象鳥奞飛頸項毛羽先奮張之形

奞之會意

奮　隼

奮方問切鳥決起亏田也

隼思允切鷙鳥也象䧿隼在臂韝上詩云鴥彼飛隼其飛戾天說文徐本鵻祝鳩也从鳥隹聲或作隼从隹从一一曰鶉字唐本曰鶽从鳥从隼隼从隹从丮省李陽冰曰隼丮省聲陸璣曰隼鷂屬齊人謂之擊征或謂題肩或謂雀䧿皆匕希觳者也埤雅曰卽鶻也按說文不㠯隼爲鷙鳥而詩疏引說文乃曰隼鷙鳥也說文固多異本邪从丮之說亦通非特取其聲亦取丮猋之義準進皆㠯隼爲聲

隹之指事

瞿

瞿九遇切隹鳥之眂兩目瞿瞿然也俗爲瞿戟之瞿書云一人冕執瞿孔氏曰戟屬陸氏其俱切

隹之會意

雔

雔市流切兩鳥也

雔之會意

霍

霍呼郭切鳥遇雨驚飛也相如賦曰霍

雥　雧　隻　雙　雀

然雲消亦作靃从雔省

雥群鳥也孫氏徂合切按說文雥从火雥聲孫音恐非

雥之指事

雧秦入切鳥群萃于木也亦作集从隹雔省

隻之石切雙所江切持一爲隻持兩爲雙

雀即略切小鳥也多卥檐宇古通作爵

翟　雄　雌　離　雞

翟陟校切鸐鳥也說文曰讀若到隹之龤聲

雄羽弓切牡鳥也

雌七移切牝鳥也亦作鴜

離士余切鳥子也爾雅曰生噣雛生而能自啄食也雞鶩類是也

雞古兮切畜鳥之能旹夜旦者別作鷄

雅　雉

雅五下切又烏加切說文曰楚烏也一名鷽一名卑居秦謂之雅

僭爲雅頌之雅又爲雅素閒雅

雉直几切佀雞而五采雄者長尾耿爪善

爾雅雉之種十三鷂雉說文作盧諸雉鷮雉說文作喬亦作鷮鳪雉鷩雉秩秩海雉鸐山雉雗雉說文作翰鵫雉說文作卓雉絕有力奮伊洛而南素質五采皆備成章曰翬江淮而南青質五采皆備成章曰鷂說文作搖南方𠷎東方鶅說文作甾北方鵗說文作希西方鷷說文作蹲別作鷷左氏傳少皞氏官有五雉又名彎蟲僭爲

離

城築之雉傳曰都城過百雉杜預曰方丈曰堵三堵曰雉雉之制長三丈高一丈

離鄰支切離䨓也別作䴡說文曰離黃倉庚也鳴則蠶生䴡䴡黃也一曰楚雀也其色黎黑而黃按離䴡倉庚楚雀實一物徐鍇亦曰離黃即楚雀䴡即離黃說文誤分二字又作鸝鶩偺爲離麗之離詩曰負网之設鴻則離之又爲離椒又爲離落猶言羅落也令作蘺爲陸離光采陸離也爲流

離珠侶玉也俗作琉璃爲淋離沃水淋離也離之之謂離去聲

雕

雕都僚切說文曰鷻也亦作鵰埤雅曰雕能食艸侶雁而大色黑故呺皁雕翱水上扇水令沸出奐矍食之一名沸河一名鷲服虔曰大鷙鳥也一名鷲黑色多子其羽可爲矢羽俗爲雕琢之雕爲雕落之雕別作彫琱錭凋

雝

雝於容切說文曰雝雝渠也鷛鳥也爾雅曰脊令雝渠相如賦曰煩鶩庸

渠鄘璞曰庸渠佀鳧灰色而雞足一名章渠顔師古曰卽今水雞也按鄘氏所謂章渠令人謂之章雞雝庸𣪊相近實一物爾雅之說非也雝又作鶅　僣爲和鳴雝雝之雝別作噰嗈又爲肅雝雝睦雝容之雝詩云雝雝在宮肅肅在廟記曰肅肅敬也雝雝和也詩又云鎬京辟雝毛萇曰水旋丘如璧曰辟雝[日男]駟曰按譙周曰成王作辟上宮周器之銘多有曰王在雝上宮者辟雝葢二宮名也古鼎銘又曰惟三月初吉壬寅王在和宮大夫始錫作彝又曰王在辟宮

獻工錫章雝和也和宮胎雝宮之異名與漢儒本因旹水而生璧旹之說後之沿襲者遂加广爲廱其失滋甚矣

難奴丹切說文曰鳥也或作鷬借爲艱難之難遇難爲難去聲又用爲猗難之難諾可切詩云隰有萇楚猗難其支曰隰桑有阿其棠有難別作儺㰙[illegible]又用爲旹難之難囊何切周官方相氏掌蒙熊皮黄金三目玄衣朱裳執

艱 雇

戈揚盾率百隸而旹難㠯索室敺疫亦作儺見人部

難之龤聲

艱古閑切險難也（囏籒文或作⿰扌堇）

扈矦古切鳥也古通作扈詩云交交桑扈率場啄粟傳曰九扈爲九農正（爾雅曰鳸鴳杜氏曰九雇萅扈鳻鶞勑倫切夏扈竊玄秋扈竊藍冬扈竊黃棘扈竊丹行扈唶唶宵扈嘖嘖）

雒

桑扈竊脂老扈鷃鷃鄭氏曰竊脂肉食無肉而啄粟失其本性郭璞曰桑扈俗呼青雀觜曲食肉喜盜脂膏因以名之按竊淺色也竊脂盖淺白色猶竊丹竊黄也鄭郭誤切以為喜盜脂膏食肉而不食粟彼安見肉而食諸且竊丹竊藍亦為盜丹與藍者乎又作鸋鴟俗為庸雇之雇庸予直也古慕切

雒勒託切爾雅曰鵅鵋鶀說文同郭氏曰今江東呼鵂鶹為鵋鶀亦謂鵅鵅爾雅又曰鵅烏鸔音纍說文同郭氏曰水鳥也侶鶂而短頸腹翅紫白背緑色江東呼為鸔俗為河雒之雒

大七十三

雉 閵 雃 雂 雎

雉章移切說文曰鳥也一曰雉度也漢有雉鵲觀亦作鴙

閵良刃切𨾊籀文說文曰閵佀鴝鵒而黄閵省聲籀文不省

雃苦堅切說文曰石鳥也一名雝渠一名精列春秋傳秦有

士雃又作鳽

雂巨淹切說文曰鳥也類篇曰句喙鳥也春秋傳吴有公

子苦雂陸氏古含切

雎七余切說文从鳥王雎也又曰白鷺王雎也詩云關關雎

鳩 毛氏曰王雎也摯而有别郭璞曰雕類江東呼爲鶚好在江渚山邊食魚陸璣曰大小如鴟深目目上骨露幽州謂之鷲揚雄許叔重皆曰白鷢崔豹古今注曰侶雅屍上白禽經曰雎鳩負雅也暘氏曰朱文公謂雎鳩生有定耦而不亂耦常並游而不狎引列女傳未嘗見其乘居而匹處葢因詩而生意也徐鍇艸木圖至謂雎鳩在河州上爲侶耦未嘗移處是又使會在河之州一辭遂㠯爲雎鳩之定居也王性之又謂嘗至田野見有鳥同巢而異室野人謂之關雎此尤使會詩本謂雎鳩之聲關關後人合關雎㠯爲詩名爾安見遂爲鳥名乎

雚 雊 雁 巂

雚荒烏切 說文曰鳥也

雊古候切 雞雉之屬引頸而鳴也 說文曰雷始動雉鳴而雊其頸

隹之疑

雁於陵切 鷙鳥也 飛翔下眡摶擊召食 說文曰膺省聲或从人亦作鷹

巂戶圭切 說文曰周燕也从屮象其冠也向聲別作規雉按爾雅巂周燕

雋　隺　朋

燕乙陸璣曰巂周子規也燕燕則乙也說文失爾雅之句讀誤㠯周燕釋巂

雋祖沇切說文曰肥肉也从弓所㠯弦隹蒯通爲書号雋永又狀遂子沇二切引之爲雋異子峻切與俊通別作儁傳曰齊何爲馬其㠯中儁也

隺說文曰高至也从隹上欲出冂易曰夫乾隺然孫氏胡沃切

朋步崩切鳥群飛也象形說文朋古文鳳象形鳳飛群鳥从㠯萬數故㠯爲朋黨按崩硼掤鬅輣皆諧朋匹之朋而無鳳聲者明此實爲朋匹之朋說文

佐、五十八

又有鵷文亦㠯爲古文鳳乃莊周所謂鵷也周之說大而無當亦不足馮也引其義則兩相从者皆謂之朋詩云朋酒斯饗㠯兩爲朋也五貝爲朋㠯五爲朋也易曰卜朋之龜詩云錫我百朋十百爲朋也引之爲朋匹朋友朋黨

燕

燕於甸切玄鳥也籋口布翄枝尾象其形又曰乙又曰意而燕乙意而皆因其聲而命之

玄則㠯其色也燕㠯春至巢於人宇㠯生育及秋分則去蟄竅木中妄誕者有烏衣國之說僭爲燕樂燕歓之燕通作宴別作醼又僭爲燕婉之燕上聲詩云燕婉之求別作嬿又僭爲燕代之燕平聲

羽

羽王巨切鳥羽有𦐀象形僭爲五音徵羽之羽

羽之會意

大·六十二

乁 翏 翟

佐四十六

乁帀朱切短羽也故眂羽而殺

翏力求切又力㕞切又力竹切眾羽飛聲也引之則亦爲風聲莊周曰而獨不聞之翏翏乎向秀曰長風聲也別作飂飂

翟徒歷切雉羽也雉羽竽而長故从羽古者析羽爲旌全羽爲旞重翟羽厭翟羽以飾車后夫人之服刻繒爲翟以飾衣

𦐇

謂之揄翟皆取於雉羽者也禹貢徐州之貢夏翟詩云又手秉翟又曰翟茀已韓亦通作狄又直格直角二切

𦐇土盇切又覩盇切鳥遭奄靃翕其翅毛羽𦐇颯不申也引之爲𦐇茸亦作闒𦐇茸皁猥不治之皃也

大、九十

羽之龤聲

習　翰

佐六字

習佀入切鳥肄飛也記曰雛乃學習引之則凡數數扇闟者皆謂之習詩云習習谷風又引之爲學習講習别作謵

翰戾旰切又乎殼翮之彊者曰翰在羽爲翰在毛爲毫雞鳴必扱其翰故謂之翰音鳥飛必鼓翰故曰翰飛引之則爲屏翰之翰詩云之屏之翰又曰維周之翰曰大宗

維翰猶言羽翼也毛氏皆曰幹也別作鶾說文曰雉肥翰音者也又作⿰𠦝毛說文曰獸豪也又作⿰𠦝馬說文曰馬毛長也不逹屛翰之義者說爲楨榦之榦誤矣又爲羽毛白色易曰白馬翰如記曰戎事乘翰僭爲翰海之翰別作瀚

翮

翮下革切羽莖也周官羽人掌徵羽翮康成曰翮羽本史記曰三翮六翼呂高㞢主別作⿰革羽

翼

翼余力切鳥兩臂也引之則凡張兩者皆

大、三十一

翨　翭

佐、冉三

曰翼孔子趨進翼如也別作[糹翼]偺爲祗翼之翼詩云小心翼翼又爲翼翼曰之翼亦作翌呂翼䨼護曰翼翼厷聲詩云鳥䨼翼之

翭乎溝切說文曰羽本也一曰羽初生皃士喪禮翭矢一乘骨鏃短衛又作鍭周官鍭矢用諸近弢康成曰翭之言候也釋鍭同

翅失豉切說文作翄翼也別作[羽氏]

翨周官翨氏掌攻

猛鳥康成曰鳥翮也司農曰讀如翅翼之翅說文曰翨鳥之彊羽猛者

翎

翎郎丁切羽之長者也

翁

翁烏紅切鳥頸毛也引之則刀頸䩉項皆謂之翁別作鶲翁公聲相近故僭爲翁媪之翁又僭爲翁盎之翁𠫓聲亦上聲周官盎齊鄭氏曰翁猶盎也盎齊翁翁然別作滃蓊

翹

翹渠遙切鳥背尾長毛翹起也西都賦曰

翦　翯　翕

佐八二

發皓羽兮奮翹英

翦即淺切羽毛摧落也故通爲翦髮翦滅之翦與剪通用說文曰羽生也一曰矢羽又平聲飛皃亦作䎘

翯胡角切鳥羽皜澤皃又見鶴下

翕許及切闔翅也引之爲噏翕之翕與吸通又作翖漢西域有翖侯迄及切音同非二字

翥 翩 翱 翔 翽 羾 翐翂

翥章庶切說文曰飛舉也

翩滂連切鳥飛輕疾也

翱五牢切鳥飛數也

翔如羊切盤回徐飛也別作鴹

翽呼會切飛聲

羾胡公切飛聲又古送切

翐直質切翂叓文切翐翂徐飛皃

毣　翬　翊　儵

毣莫報莫卜二切顧氏曰毛溼也鮑宣曰極竭毣

毣之思師古曰猶蒙蒙也

翬許歸切詩云如翬斯飛晉秋公子翬字羽說文曰大飛也一曰伊洛而南雉五采備曰翬爾雅曰雗隼醜其飛也翬郭氏曰鼓翄翬翬然疾也按詩曰如翬斯飛則㠯翬爲雉者昰

翊與職切說文飛皃漢有𠂇馮翊又作翌亦㠯爲翼日之翼

儵詩姚切羽敝蕭疏皃也別作翛䎘又息六切

翡　翠　翾　翿

與儵通

翡筏沸切翠此醉切翡翠捕魚鳥其羽青碧謾飾者尚其羽故从羽說文曰翡赤羽雀翠青羽雀一曰雄曰翡雌曰翠

翾許袁切小飛也蟲飛爲翾別作翾蠉

翿迮到切羽蓋也漢人謂之翣蓋又謂羽葆詩云左執翿毛氏曰纛也翳也又作纛與幬通

說文作翳別作翢

翳

翳於計切羽葆可㠯屏蔽者引之凡蔽翳者皆曰翳又乎聲

翣

翣山洽切又色洽切羽扇也別作翜⿱羽疌箑萐後人㠯翣爲棺飾惡之故多厺他文

羿

羿五計切說文曰羽之羿風亦古諸侯也一曰射師說文又有𢏚字帝嚳射官夏少康滅之

爪

爪側狡切鳥爪也獸亦有爪象形引之則凡爪類皆曰爪人之指叉或亦通作爪爪非人手之形說文㠯合爪爲臼誤矣車蓋之爪㠯玉飾之亦曰爪別作瑵⿰王爪爪之曰爪乎聲俗作抓

爪之會意

孚

孚芳無切鳥伏卵也先人曰鳥孚曰啄及其嫗伏也凝然不動絫日一下食誠之至

也人之有孚者亦然孚伏之久燠休周浹卵乃乚生誠之孚於物也亦然爪之龤聲

爬飛非

爬蒲巴切搔也

飛甫微切象鳥飛又作非寅簋文象兩翼披靡

非又轉而爲非借爲是非之非說文曰飛鳥翥也象形非違也从飛下翄取其相背按飛與非一字而兩用猶烏於之爲一字也借義既傾故判爲

卂　煢

二字

飛之象形

卂息晉切疾飛也飛疾故不見其羽別作迅

卂之諧聲

煢渠營切說文曰疾也按煢从卂絕起

無肎與故因之爲煢獨又作嬛惸通作

睘詩嬛嬛在疚崔本作煢

六百四一

飜　靡

飛非之諧聲

飜孚袁切猋飛翩飜如反覆也又作翻俗吕爲飜覆

靡莫彼切猋飛披靡也假借之用三靡之

殼與蔑莫無罔相通故其借義亦相邇詩

云靡不有初又曰靡神不舉靡愛斯牲又

爲靡敝靡盡之靡記曰國家靡敝亦亏聲

又爲靡切之靡莫何切與摩通莊周曰相靡呂信又曰喜則交頸相靡呂氏春秋曰樹相近而靡（別作劘）晉有靡笄之山

非之疑

靠

靠苦到切（說文曰相韋也按靠無韋義今俗呂倚靠爲義或曰从鼎省）

至

𡉀之利切象鳥下飛屬地至之義也

至之會意

䟕　臻　到　㢴

䟕人質切偕至也

至之龤聲

臻側詵切至也亦作轃說文轃大車簀也

到都皓多诰二切至也至之義鳥自上而下故顛到之義取焉淮南子曰到生挫傷

艸木首在下所謂到生也別作倒又作菿說文艸木倒也

㢴先稽切鳥宿于巢也象形曰㢴則鳥歸宿

故因之爲東𠧧說文曰𠧪古文𠧪籀文俗作棲栖𠧧之本文爲東𠧧所擅故別作棲栖也

孫奎謹校

六書故弟十九

六書故 二十卷 動物四

書

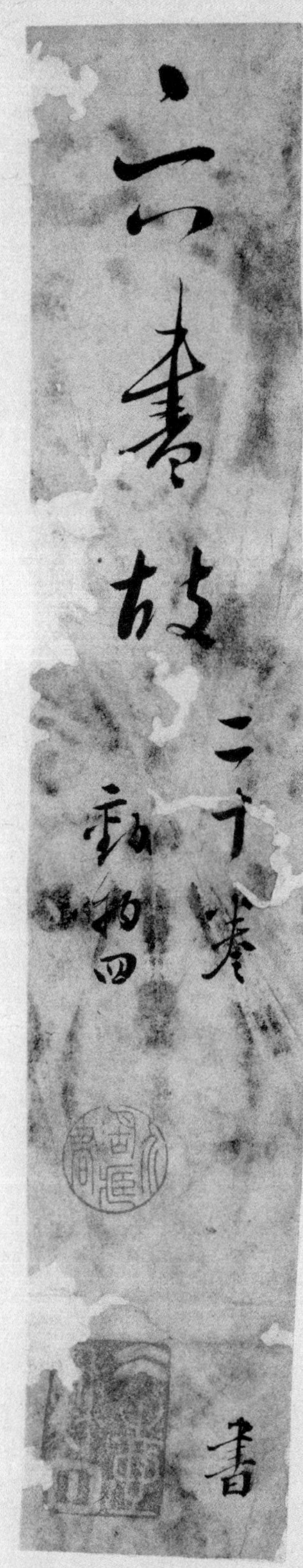

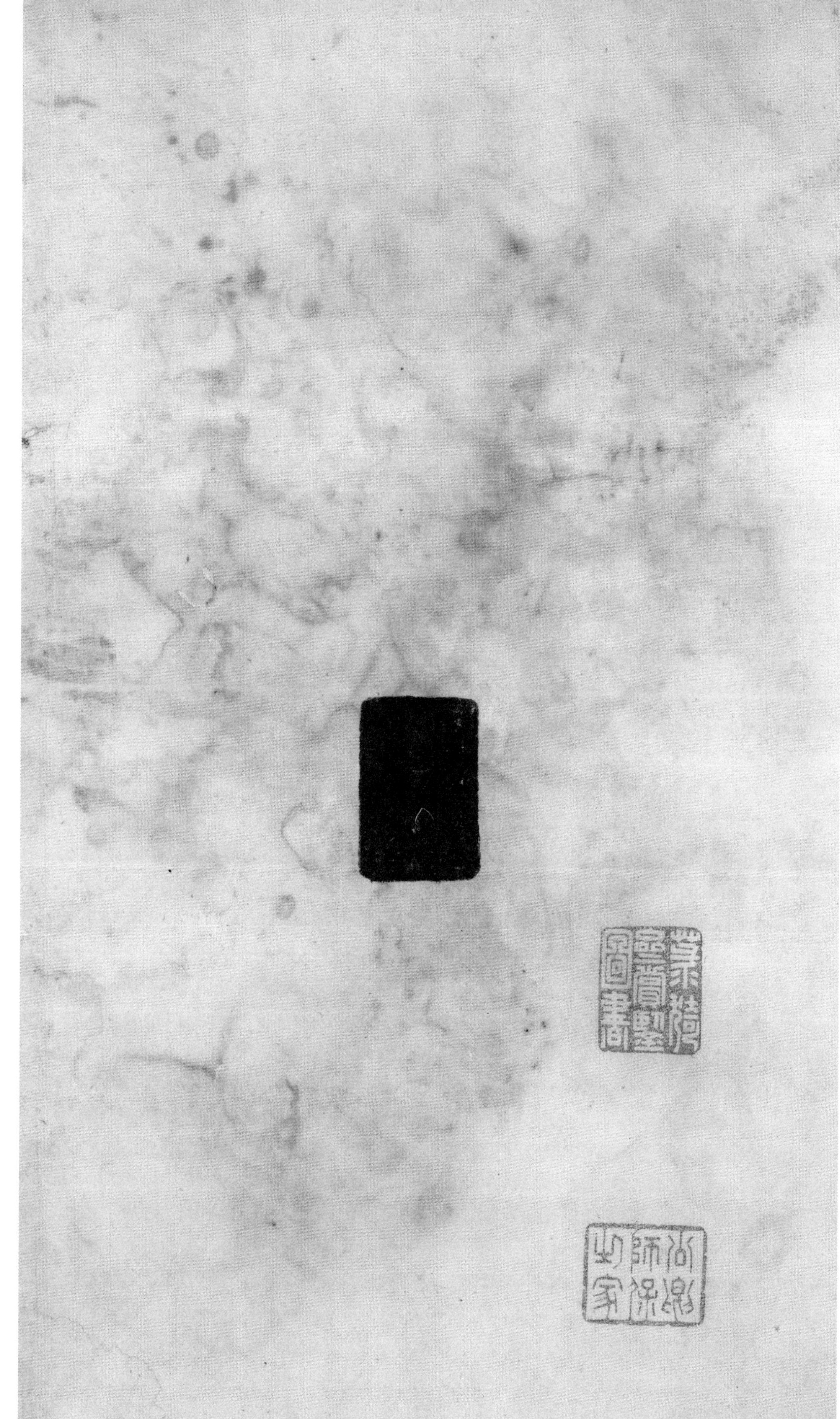

蟲

六書故弟二十

永嘉戴　侗

動物三

蟲直中切蟆動跂行翾飛𠂢生之屬也象形三之象其𠂢生也凡内骨外骨卻行仄行連行紆行吕脰鳴者注鳴者旁鳴者翼鳴者股鳴者匈鳴者率皆从蟲其或爲䖵或爲虫者

从人省吕便書也字有象其多者於天文則有品於動物則有蟲於植物則有艸有竹說文曰有足謂之蟲無足謂之豸蚰蟲之緫名也虫蝮也博三寸首大如擘象其臥形物之微細或行或毛或介或鱗吕虫爲象孫氏曰虫許偉切按虺特一物何吕爲蟲類之宗古書無有吕虫爲虺者而融則吕虫爲聲吕斷知虫與蚰特爲蟲之省文非有二字也蝕於

蟲者爲蟲去聲亦作蚛

蟲之象形

蜀

蜀，市玉切。蜀佀蠶，色多青，墳首睅目。佀目而非目。葵藿胡麻蹲鴟多產之。詩云："蜎蜎者蜀。"毛公曰："桑蟲也。"毛氏蓋因詩在桑野而爲此說。說文曰："葵中蠶也。上目象其頭，中象其身蜎蜎。"爾雅曰："蚅，烏蠋。"疏曰："詩鞗革金戹，毛氏曰戹烏蠋也。"莊周曰："奔蜂不能化藿蜀。"韓非曰："蠶佀蜀。"司馬彪曰："豆中大青蟲也。"别作蠋。因之爲巴蜀之蜀。

蜀之疑

蠲

蠲古玄切說文曰馬蠲也益聲明堂月令曰腐艸爲蠲按益非聲未可曉書傳用爲蠲潔之蠲與圭涓通詩云吉蠲爲饎禮曰哀子圭爲而哀薦之漢有中涓涓人顔師古曰涓潔也主知潔清洒埽之事圭蠲涓蠲同聲周禮又曰除其不蠲由是有蠲除之義蠲宥罪戾與之爲潔也故又有蠲赦之言引之爲蠲免蠲減則無義矣

蠱

蟲之會意

蠱公戶切皿蟲爲蠱凡爲蠱者聚毒蟲於皿缶使代相啖其獨存者爲蠱㠯其兵毒人輒死周官庶氏掌除毒蠱㠯攻說禬之嘉艸攻之引而用之則穀之飛亦爲蠱人病尸注者蟲蝕其五藏亦謂之蠱晦淫近女者生内熱惑亂之疾疾如蠱引之則凡

物殺而蠹生之者皆爲蠱蠱壞之義生焉

易曰巽而止蠱

蚝 䖪千忠切毛蟲也其毛多螫螫人或作蛓 蚵蛓

蚡 𧊺於袁切蟲𠃬曲也𠃬亦聲說文單作𠃬 別作蜿

蜎 蜎縈玄切𧕴蟲之狀肙肙然詳見肙下肙亦聲詩云蜎蜎者蜀 亦作蜵

蝡

蝡乳尹而兗二切蟲行蝡蝡也蝡亦聲說文曰動也

蟲之皆聲

風

風㫃䡍㫃令二切天地八方之气吹歔歕動者命之曰風風在有無之閒無所取象說文曰風動而蟲生太文者託象焉凡骰說文曰凬古文或作䬉詩之風雅取義焉風之之謂

颺 飄

風亦聲別作諷

風之龤聲

颺弋尚切風所搖漾也又平聲風所飛揚也因風㠯播糠粃者亦曰颺與揚通

飄紕昭切風與凡也在風為飄在水為漂其義略同故亦通用詩云風其漂女又曰風雨所漂搖別作飃

飆　颸　颯　颼　颭　䫻

飆　卑遙切風猋起狂卂也別作颮飑通作猋

颸　息茲切風之輕涼者也

颯　蘇合切風乍至颯然也又落合切狂風拉物也

颼　蘇求切颼飂涼風颼飂也

颭　隻冉切風所軒擧也

䫻　補妹切海之灾風也俗書誤作颶

蠶　蛹　蛾　蠭

蠶昨含切人所同識說文曰任絲也俗作蚕

蛹尹竦切蠶成絸已而爲甬也亦會意

蛾五何切蛹已而羽曰蛾凡羽蟲皆先已而蛹再已而羽古亦用爲蟻字

蠭蠭𧖴古文敷容切細要乑居之蟲也有蜜蜂有土蜂有木蠭其類不一其尾有毒所謂丁也故古文从丁

蜜　蠟　蠮　螉

蜜彌畢切蜂飴也又作蠠

蠟力盍切蜂房鬻之爲蠟

蠮烏結切螉烏紅切蠮螉蜂類細要縣腹壘土爲房於屋壁空罅中取蛛蝥或青蟲實之而卵其中雌雄倡和其聲若祝已乃封其端而去卵㠯爲蟲食蛛蝥而長則㠯爲甬再㠯而羽乃爲蠮螉習俗不察但見其負他蟲若祝

之肰謂細要無雄祝他類爲子毛氏遂㠯此糬螟蛉果蠃誤矣說文曰螉蜙蟲在牛馬皮者

蟻

蟻魚綺切又作螘蟻之類不一白蟻居土中其巢大如瓮盎有城亭君王㠯土爲甬道高下縱屬蠹食朽腐梁棟亦被其害㠯而羽夏月会雨皆望飛滿屋殆所謂蚍蜉也亦謂之螻亦謂土蟻玄蟻之众尤蕃亦

有城亭君王性慕羶遇遺羶僵腐則率其迭負曳而去有大頭蟻往來其閒而不負曳若糾率之者故俗曰惰群者爲大頭蟻又有同類而小者其色微黄爲黄蟻有虎蟻稍大好啖群蟻故謂虎蟻有蛆蟻狀如罠蟻𠀠而羽能螫人爾雅所謂丁蟻也有臭蟻好緣木爲窠其臭惡故謂臭蟻此其

大略也爾雅曰蚍蜉大螘小曰螘蠪朾螘蠜飛螘方言曰亝魯之間謂蚍蜉曰蚼蟓卥南梁益之間謂之玄蚼燕謂之蛾蛘大而赤色者名蠪一名朾螘

螻

𧒂洛矦切螻土蟻也螻蛄土狗也好攻土夜飛便火㠯其好攻土故屬之於螻爾雅榖天螻蟓蛖螻注曰螻蛄類也疏曰螻蛄之異名也方言曰蛄詣謂之杜蛒音格螻螲謂之螻蛄或謂蟓蛉南楚謂之土狗或謂之螻蛄蟻所蠹蝕爲螻坴聲人瘺頸腫如螻攻者亦曰螻別作瘻說文

瘻頸腫也又螻蟈蛙屬

蚍　蜉　蝣

蚍蒲陂切又作𧖊蜉縛牟切又作蠹蚽蝣夷周切詩云蜉蝣之羽衣裳楚楚夏小正曰蜉蝣渠略也朝生而莫死荀子曰不飲不食者蜉蝣也王襃曰蜉蝣出㠯侌爾雅釋曰蜉蝣通謂渠略佀甲蟲有角大如指長三四寸甲下有翅夏月侌雨皆地中出今人燒炙噉之美如蟬也樊光謂之糞中蝎蟲舍人曰南陽㠯東曰蜉蝣梁宋之閒曰渠略佀蛣蜣

身狹而長有角黄色聚生糞土中螒生莫能豬好啜之按詩稱蜉蝣羽翼以興衣服之采采粲粲甲蟲雖甲下有羽永物者不應舍甲而言羽荀子言蜉蝣不歛不食渠略攻食糞土亦非不歛食者也蜉蝣蓋羽蟲疑卽夜蛾夜蛾粉翅如蝶而小三月食雨昔多生麥囷中夜則飛撲登火不歛食類蠶蛾故其生不能久近似所謂不歛食螒生而莫能者豈以其不歛食而但翾飛故謂之蜉蝣也邪

蛺 蝶

蛺兼狎切蝶达劦切蛺蝶胡蝶也胡蝶粉翅長喙卯屮木上爲蟲食屮木巳而爲甬

再蛻而爲蝶其類不一說文作蜨

蜆 胡千呺典二切爾雅曰蜆縊女釋曰小黑蟲也赤頭喜自縊故又名縊女說文蜀本曰蛻爲蝶是也唐本曰卽繭字

蠅 余陵切蠅類不一其最多者集人身及食閗青蠅生於圂一名景跡毛蠅好卵蠶身食蠶蛹攻繭而出乃以爲蠅

大、四十三

蛆 七余切蠅之類卵臭腐糞穢中爲蟲耎

佐、字

耎巳爲蠅 說文胆从肉蠅乳肉中也

蜡

蜡 鉏駕切 說文曰蠅胆也 周官蜡氏掌除骴 康成曰骨肉臭腐蠅蟲所蜡也讀如狙伺之狙清預切按蜡非狙聲 又用爲蜡祭之蜡 天子八蜡 記曰蜡也者索也 歲十二月合聚萬物而索饗之也

蟁

蟁 無分切 亦作䖟 淮南子曰孑孑爲蟁 高誘曰孑孑結蝈水上倒跂蟲也亦作蟁

蚋　蝱　蠿　蠘

蚋而銳切說文作蜹曰秦晉謂之蜹楚謂之蚊或曰今飛蟲細如粱稟正晝嗜人膚者謂之蜹荀子曰醯酸而蚋聚按蚊蚋佀不旻爲一物集醯者蠛細於蚊亦謂之蚋細者爲蚋是也

蝱陌庚切蝱類蠅而大攻齧牛馬血

蠿陸氏由季切楚語曰蝱蠿之旣多而不能𢹎其尾韋昭曰大曰蝱小曰蠿

蠘茲結切蠓莫孔切說文曰細蟲也爾雅蠘蠓疏曰小蟲佀蚋

大、十五

蟓　蠁　蟬　螓　蜩　螗

佐、九十八

亂飛一名醯雞𠜂子曰蟓蚋者因雨而生見昜而死司馬氏曰醯雞者酒上之蠛蠓

蠁許兩切說文曰知聲蟲也司馬相如作蚼爾雅曰國貉蟲蠁釋曰蛹蟲也今俗呼為蠁廣雅曰土蛹蠁蟲是也按今人呂醯雞為蠁

蟬市連切别作蝬螓市臻切蜩迭聊切或作蚒螗迭郎切蠽子削旳結二切蟟落蕭切螿側良切蚻側八切蟬螓蜩螗蠽蟟螿蚻皆蟬類也爾雅曰蜩蜋蜩螗蜩蚻蜻蜻蠽茅蜩蝒馬蜩蜺寒蜩蜓蚞螇螰夏小

蠽　蟟　螿　蚻

正曰蜋蜩者五采具螗蜩者蝘說文曰蟬以旁鳴者也蜩蟬也螇鹿蛁蟟也蚗蛁蟟也蝒馬蜩也蜺寒蜩也蛥蛜蚗蟬蜀方言曰蟬楚謂之蜩宋衛之閒謂之螗蜩陳鄭之閒謂之蜋蜩秦晉之閒謂之蟬海岱之閒通謂之𧍣其小者謂之麥蚻有文者謂之螓鄭康成曰螓蜻蜻額廣且方陸璣曰螗一名蝘虭字林虭亦作嘹也青徐謂之螇螰郭氏曰螗蜩俗呼胡蟬江南謂之螗蛦　按記曰范則冠而蟬有緌蟬領下縣舌如緌也螓蟬聲相鄰皆因其鳴聲以命之也詩云螓首蛾眉蟬

之大者其額廣而方故詩稱螓首也詩云

菀彼柳斯鳴蜩嘒嘒又云如蜩如螗如沸

如羹明蜩螗二物而其聲嘒嘒啾𠻳也蠽

蠽小蟬其聲噍噍因其聲㠯名之亦呼蚻

蠽又謂茅蜩也蚻寒蟬也亦因其聲㠯命

之其大者爲馬蚻馬母也即詩所謂莎雞

後人又謂絡緯也爾雅曰螒天雞李巡曰即莎雞也一名酸雞疏

曰又名樗雞其狀佀雞多在莎中食其莢其鳴觳絕類絡緯者是㠯謂之也近秋始鳴常鳴於夜故又謂寒蟬夜蟬也蟪寒蟬之小者也螇蝒蛜蛛蛈蛁之類皆廢名也

螬　蝤　蠐

螬徂遭切蝤字猶切蠐徂兮切又作蠀蠐螬蝤蠐一物也生糞中食艸木根口剛而身耎耎肥白壅腫故俗㠯比肥白者詩所謂

蟪　蛄　螜

領如蝤蠐也匕而羽爲蟬

蟪　羽桂切結攷兮切楚辭曰歲莫兮不自聊蟪蛄鳴兮啾啾莊周曰蟪蛄不知旾秋說文曰蟬也陶隱居曰莊周所云是三五月小紫青色者楚辭所言乃寒螿尒司馬彪曰寒蟬也一名蝭蟧旾生夏死夏生秋死崔譔曰蛁蟧也或曰山蟬秋鳴者不及旾旾鳴者不及秋按旾生夏死等說皆傅會莊周之說不足徵也蟪蛄一名而陶氏吕爲二物亦非也

螜　戶木切夏小正曰三月螜鳴爾雅螜天螻

蟋　蟀

蟋息七切通作悉，或作蟋。蟀所律切或作䘁。蟋蟀，小蟲，翼而澤，善鬬，小兒籠畜㠯角勝負。其聲刺歷如織，七月始鳴，故又謂趣織。陸璣曰：一名蜻蛚，楚人謂之王孫，幽州謂之趨織。

蛩

蛩渠容切。爾雅曰：蟋蟀，蛩。或作蛬[illegible]蚟。說文曰：蛩蛩，獸也。一曰秦謂蟬蛻曰蛩。

螽

螽職戎切。艸蟲飛躍㠯股鳴者。詩云：螽斯

羽又曰蠗蠗㠯螽又曰五月斷螽動股亦

作 爾雅曰蛗螽蠜艸螽負蠜蟴螽蚣蝑蟿螽螇蚸土螽蠰谿疏曰蛗螽一名蠜艸蟲一名負蠜又名常羊蟴螽周南作螽斷七月作斷螽一名蚣蝑一名舂黍毛氏亦曰螽斷蚣蝑也漢志曰旹秋爲螽今謂之蝗說文曰螽蝗也蝗螽也蚣蝑㠯股鳴者蔡邕亦曰螽蝗也李巡曰螽蝗子也陸璣曰今人謂蝗子爲螽兗人謂之螣煌螽一物也艸蟲一名負蠜一名常羊小大長短如蝗奇音青色好在茅艸中一名艸蟲蟴螽螽斷也又名斷螽幽人謂之舂其卽舂黍蝗類也長而青長角長股股鳴者

也或謂佀蝗而小班黑其股佀毒冒又五
月中㠯股相切作聲聞數十步蟿螽一名
螇蟀形佀蟀蜙而細長飛翅作聲土螽一
名蠰谿今謂之土蠂江南呼虴蜢又名蚱
蜢佀蝗而小善䟡按螽斷斷螽之斷皆聲
助猶鷽斷麃斷柄斷蕭斷勿酒斷鬱有兔
斷眥之斷也說者㠯螽斷自爲一物至太
蟖蝑二字誤矣艸蟲凡指之也㠯螽螽之
大夫
一牡孔㠯說者遂太虽字誤
月之詩觀之螽乃常有之物
旹秋書
多爲灾也
乃格切又作蚱蠂
蝁莫杏切虴蜢螽類也凡

螽蚻虴蜢蟋蟀之屬皆長股而羽善躍且飛虴蜢之類最多甌越人通謂之虴蜢

蝗乎光切又榮庚切侣虴蜢而大群飛食禾黍艸木萬葉頷下有文若王翅翦有竅可吕縷毋不常有有則爲灾

蠜附袁切說文曰𨸏蠜也說見螽下又見蜚下

螳徒郎切又作螗

蟷都當切螳蜋羽蟲之鷙

蜋

者出自斧臂卻行奮臂搖肩側翅矍會他蟲翼下有紅翅如裠裳俗謂織絹娘腰中有二蟲如罥線爾雅曰莫貈螳蜋蛑又云不過蟷蠰其子蜱蛸方言譚魯吕南謂之蟷蠰三河之域謂之螳蜋燕趙謂之食尨亝杞吕東謂之馬穀其子曰蠑蛸也

蠑　蛸

蠑匹消切蛸相搖切蠑蛸螳蜋卵也生著枝間別作蟰消螻蟭蛸又相交切蟰蛸也說具蟰下

蛣 蟯 螢

蛣去吉切蟯區竿切甲蟲之巨者翼甲甲下有翅飛鳴洪洪然好轉米兵爲丸俗亦謂之兵甲向秀曰蛣蟯之知在於轉丸又名蟯蜋爾雅曰蛣蟯蟯蟯蜋又漢鄞縣有蛣埼亭顔師古曰蚌也長寸廣二分有小蟹在其腹中南越志曰長寸餘腹中有蟹子如榆莢合體共生亦佐鮚至今吕此名其地

螢沿同切甲蟲之小者夜飛有光熒熒故

蠸　蜻　蛉

因㠯名之古單作熒爾雅曰熒火即炤或又名蛢螢蚤子於艸中謂腐艸㠯螢非也

蠸巨員切瓜蠅狀佀熒火爾雅曰蠸輿父守瓜釋曰黄甲小蟲喜食瓜葉

蜻子盈切又音青蛉郎丁切蜻蛉出目馬吻六足三翼飛空而卵於水爲水黽水黽㠯而爲蜻蛉亦曰蜻蝏蜓蝏蜓特丁切呂氏

蜭　蛸　蝎

音秋曰海上有好蜻者高誘曰蜻蜓也一名白宿爾雅曰虰蛵負勞釋曰負勞蜻蛉也江東呼狐梨方言曰蜻蛉謂之蝍蛉淮南人又呼蠊蛜字林云一名桑根說文曰蛉蜻蛉也一名桑根又名蜭又螟蛉蟲名詩云螟蛉有子果蠃負之螟蛉不知爲何物爾雅吕爲桑蟲子於蠮螉已辯其誤

蜭粗叢切淮南子曰水蠆爲蜭注云蜭青蜓也

蛸良薛切蜻蛸說具蟋蟀下

蝎許謁切蝤蠐類也在木曰蝎蝎與蝤同

而色微黄多蠹穴桑中㠯而羽有角如牛竿故俗謂天牛亦謂桑竿盧黑而白駮緣木上下飛騰不遠還齧木皮卵其中爾雅曰蝎蛣𧊜說文作蚍又曰蝎桑蠹蠰齧桑又曰蟦扶非切蠐螬蝤蠐蝎疏曰在糞土中者名蟦蠐又名蠐螬在木中者方言云關東謂之蝤蠐梁益之閒謂之蝎實一蟲也齧桑江東呼齧髮佀天牛長角體有白駮好齧桑正此物也按蝤蠐與蝎雖相類而實二物㠯蝎為蝤蠐非也

蠹　蛘　強　蟴

螙當故切木中蟲也亦作螙會意

蛘與章切爾雅曰蛄蟴彊蛘又曰彊蚚說文曰蛘搔蛘也蛄蟴彊竿也爾雅疏曰今米穀中小黑蟲也江東謂之[illegible]建平人謂之蛘子按今穀中小黑蟲介羽穀陳浥則蚉此俗謂穀蛘讀若羋者誤搔蛘當作癢

強巨良切𧒒籒文說文強蚚也蚚巨衣切強也強从虫弘聲徐鍇曰弘非聲秦刻石文从口疑从籒文省

蟴式支切說文曰蛄蟴強竿也本艸曰蛄蚚毛蟲也背上五色刺螫人甚

毒老者吐白汁凝聚正如雀卵一名雀瓮此乃其卵

蛅

蛅職廉切爾雅曰蟔蛅蟴說文曰蛅斯墨也陶隱居曰蛅斯蛓蟲也爾雅疏曰毛蟲蛓類

蜭

蜭乎感切爾雅毛蠹也按此乃蠹食脯鱐者或㠯爲蛓毛非

蟫

蟫余箴切衣書中蠹也爾雅曰蟫白魚本艸名衣魚一名蛃魚一名壁魚

蠷

蠷其俱切又巨由切亦作蛷螋螋所由切蠷螋

螋　　蠨　　蜘蛛

似小蜈蚣色青黑足長溺人則瘡熱沸 說文

[illegible]多足蟲也

蠨 蘇彫切 蠨蛸也 詩云蠨蛸在戶 爾雅曰 蠨蛸長

踦 釋曰長踦小蜘蛛長腳者俗呼為喜子

陸氏曰一名長腳荊州河內人謂之喜母

此蟲著人衣則有喜幽州人謂

之親客喜亦作蟢踦亦作[虫奇]

蜘 陟離切 又作 [知亐黽]鼅 [知亐虫] 蛛 陟余切 又作 鼄 蜘蛛网

蟲其類不一縣空張网如罾羅食飛蟲 爾雅

曰次蟗（音秋）鼅鼄，鼅鼄鼄蝥，土鼅鼄，艸鼅鼄。方言曰：自關而西秦晉之閒謂之鼄蝥，自關而東趙魏之郊謂之鼅鼄，或謂之屬臾；北燕朝鮮洌水之閒謂之毒餘。郭氏曰：齊人又呼社公，亦言网公。爾雅又曰：王蛈蝪。釋曰：此蜘蛛之一種也，一名螲蟷，穴居布网，穴口有蓋，河北人呼蛈蝪也。

蠿　陟八切。說文曰：作网蛛蝥也。

蝍　其虐切。說文：渠蝍，一曰天社。又蟟（離灼切），蟲蟟也。一曰蜉蝣，螒生莫能者。

蝥　莫浮切。蛛蝥，蜘蛛也。

蝘

蝘旁連切埤雅曰蝘旋沙蟲也按沙中有蟲旋沙爲穽以伺物有墮其中輒取食之俗亦謂之橐佗以其背若橐佗也旋亦作蜁蝵

蜫

蜫邊兮切扁蟲著牛馬食其血者也蝱薦蕁之鬧者䇲小嚙人膚俗謂薦蜫亦曰茭蟲也蜫麻子類蜫故以名之蜫麻別作蓖非

蚤

蚤子皓切嚙膚跳蟲也早莫之蚤亦借用

此手爪之叉亦僭用此

蝨所櫛切衣襦中蟲也

蟣居衣切蝨卵也

蜚匪微切又扶費切𠫤秋書有蜚爾雅曰蜚蠦蜰

蜚氏五行傳曰蜚負蠜越地所生爲蟲臭惡南方淫气之所生也爾雅釋曰蜰即負盤臭蟲也廣雅曰蠨也本艸圖經曰金房人啖之謂之石薑按蜚蜰蠜盤皆一聲之轉而爾雅乃𠧪蠜爲蟲負蠜爲艸蟲

蟟　蚿

蟟之夜之石二切本艸曰蟲佀鼈亦佀鼠婦大者寸餘有鱗無甲生沙中及墻壁下溼土中廣雅曰負蠜也又名土鼈亦謂地鼈別作蛒

蚿胡田切馬陸也多足俗名百足蟲狀如穿百錢亦謂百錢蟲乩則側臥如刀環故又謂刀環蟲莊周曰夔謂蚿吾已一足踸踔而行今子之使萬足獨柰何爾雅曰蛝馬蠲方言

曰馬蚿北方謂之蛆蟝大者謂之馬軸軸亦作蝬淮南子曰若蚈之足衆而不相害注曰讀若蹊蚈馬蚈幽州謂之秦渠

蠖

蠖烏郭切蟲屈申而行者多生桑上其長至尺易曰尺蠖之屈㠯求信也郭璞曰即今蝍蝛又名步屈尺別作蚇非

螟

螟莫經切爾雅曰食苗心螟說文曰食穀葉蟲陸璣曰螟佀子方而頭不赤子方亦作虸蚄

蟘　蟊　蝝

𧈧达㝵切又作螣又作𧑒爾雅曰食葉蟘說文作蟘食苗葉者螣神蛇也达登切按蟘非一種月令曰百螣皆起螣蛇乘霧乃蛇之能騰起者止當作騰

蟊莫浮切爾雅曰食根蟊說文蟊蟲食艸根者从蟲象其形或作蝥古文作蛑孫氏莫浮切蟊蠿蟊也从蚰孫氏莫交切蝥蟞蝥也从虫莫交切按說文蟊蟊蝥蛑名物買亂令㠯蟊爲蟊賊之蟊蝥爲蛛蝥之蝥

蝝與專切春秋書蝝生爾雅曰蝝蝮蜪董仲舒蟲向曰螟始

生也一曰蝗始生蠹歆曰蚍蜉之有翼者食穀爲灾黑眚也何休曰始生爲蝝長大爲螽陸悳明曰董仲舒說蝗子也蠹歆說蚍蜉子魯語曰蟲舍蚔蝝韋昭亦曰复陶也蓋祖爾雅

蠡

蠡盧啟切古文从人丁言蟲所毒也高子曰禹之聲尚文王之聲孟子曰何以言之曰以追蠡謂鐘用久剝蝕若蟲蝕也說文曰蟲齧木中也又盧果切瘰癧蟲也傳曰不瘯蠡

蛕　蟯　虵

又作蠃說文曰畜產疫病也陸德明曰瘯蠡說文作瘰皮肥也按說文徐本無瘰字瘥小腫也一曰瘯累徐鉉曰今作瘯蠡又郎禾切通爲蠃蚌之蠃語曰吕蠡測海又憐題切谷蠡匈奴君長号又蠡艸詳見蘭下

蛕戶恢切人腹中長蟲也別作蛔蚘

蟯倪幺切又如招切人腹中短蟲也

虵旹遮切紆行鱗甲之蟲也其類不一好

蚏　蟒　蠼

噬齧人亦作巳象形因㠯爲十二辰之名

虵巳之物也或作蛇俗爲委蛇之蛇𨑒何切

陸氏音移非

蚺如鹽切說文曰大虵可食長者丈餘

蟒莫黨切虵之最大者爾雅曰蟒王虵

蝮孚六切虵之最毒者爾雅曰蝮虺博三寸首大如擘孫炎曰江淮㠯南謂爲蝮頭如拇指有牙最毒郭璞曰虺細頸大頭焦尾色如艾綬文文

間有毛侶豬鬣鼻上有針大者長七八寸一名反鼻惟生南方䖝土色所在有之俗呼土䖝

蜥蝘蜓

蜥先擊切蜥易蝘蜓也易亦作蜴

蝘於殄切蜓迭典切爾雅曰蠑蚖蜥蜴蜥蜴守宮或謂之蠦蟺或謂刺易其在澤者謂之蜥蜴蠑螈虵醫也呂注鳴按蝘蜓守宮同類而異種守宮專在屋壁間故謂之守宮俗亦謂壁弓俗緣守宮之名謂食呂丹沙擣之點女子體不去耦男子

蛟　螭

則滅吕是爲守宮者誕也在埜者俗謂蝘蜓比守宮爲大丹碧色者短尾純青色者長尾東方朔曰是非守宮即蜥易蚵爲二物也又爲蜻蜓見蜻下

蛟古交切說文曰龍屬也郭璞曰佀虵三足細頸頸有白嬰大者數十口卵如一二斛瓮能吞人

螭丑知切吕氏春秋曰龍食乎清而游乎清螭食乎濁而游乎濁相如賦

蚩　蜦　雖

曰蛟龍赤螭說文曰若龍而黄北方謂之地螻或云無角曰螭又爲螭魅

傳曰螭魅罔兩杜氏曰螭山神獸形別作魑說文曰鬼屬也

蚩赤之切說文曰蟲也蘇鶚演義曰蚩海獸也漢武作柏梁殿有言蚩尾水之精能卻火災因置象于上今謂之鴟尾者非也按螭蚩或爲一物今謂俗爲妍蚩之蚩又爲愚蚩蚩笑又作媸嗤⿰蚩欠妛

蜦力屯切說文虵屬黑色潛于神囦能興風雨讀若戾或作蜧

雖息遺切說文曰佀蜥易而大今用爲雖然之雖

蜈　蚣　　蜮

蜈五烏切蚣古紅切多足善啗蛇食其腦蛇則乩能螫人又名即且莊子曰即且甘帶淮南子曰螣蛇游霧而殆於即且爾雅曰蒺藜蝍蛆廣雅曰蜈蚣也即且之說不一淮南子注曰即且蟋蟀爾雅謂之蜻蛚之大腰者也上蛇蛇不敢動郭璞曰似蝗大腰長角能食蛇腦侗謂蒺藜亦似指蜈蚣之形也惟蜈蚣能制蛇

蜮于逼切詩云爲鬼爲蜮則不可得春秋

蝦 蟇

書有蜮劉向曰在水旁能射人景者至死南方謂之短狐洪範五行傳曰如
鼈三足陸璣曰一名射景江淮水中皆有
之人行岸上景在水中投人景則殺之或
曰含沙射人皮肌其瘡如疥埤雅曰一名
溪毒有長角橫口胷如弩儋以气為矢因
水勢以射人故俗呼水弩鬼鴨能食之一
名射工按楚辭大招鰅鱅短狐蜮傷躬只
短狐與蜮
乃似二物

蝦乎加切蟇莫遐切別作蟆蝦蟇黽屬也爾雅
螫蟇鄭音鷩叏上嗀漢元鼎五年鼃蝦蟇鬥陳藏器曰背有

蟾　蜍　蟈

黑點身小能跳接百蟲食之作呷呷聲者蝦蟇也

𧒠如廉之廉二切蜍汝負切又作蠩蟾蜍黽也古單作詹諸爾雅曰鼀𪓰蟾諸郭氏曰似蝦蟇淮南謂之去蚥詹諸蛤蚾也陳藏器曰身大背黑多痱磊不能鳴多在人家下溼処按今人謂之蛤蚾

蟈古或切周官蟈氏掌去鼃黽月令孟夏螻蟈鳴說文又作蜮鄭氏曰今御所食鼃也蔡氏曰螻螻蛄蟈鼃也二物同

蛂　蚧　螾

昔鳴伯曰此說旻之

蛂補火切蛤蛂蟾也

蚧居拜切本艸曰狀類蝘蜓蟇背細鱗長尾生嶺南在古牆壁及榕木閒

螾弋忍切又弓聲又作蚓丛蚓土中無足蠃蟲也側行螼螼古謂胸䏰巴郡縣㠯胸䏰名㠯其地多此蟲也爾雅螼蚓豎蠶又名䖤蟺說文螼弃忍切螾俗又謂曲蟮又爲廉螻丛廉胸曲同㲉螾䏰螻同一㲉也丛別作蚯曲亦作

蛐螾別作蛪

蛭

𧉈之日切水中蟲蠉動如血片攻食馬牛血著其肉中斷之寸寸皆能蠉動牛馬㱃水吞之則孳育其腸胃中故用爲破血藥艸中石中泥中亦有之爾雅曰蛭蝚至掌又曰蛭蟣說文曰坐謂蛭蟣按今人亦謂之馬蛵本艸作馬蚑蚑亦作蛔蛔蟣蚑蛵聲相近

大日四十五

蝙

𧍙布玄切蝠方六切蝙蝠伏翼也佀鼠而

蝠　蜼　蠵　蠏

翼夜飛食蚊

蜼許偉切又余季切陸氏音誄又呂水切

周官蜼彝爾雅曰蜼卬鼻長尾郭氏曰佀猴而大黄黑色尾長數尺佀獺尾末有岐鼻卬雨即自縣於木㠯尾塞鼻或㠯兩指江東人亦取養之

蠵戸圭切楚辭曰露雞臛蠵說文曰大龜也㠯胃鳴者司馬相如作蝮从复應劭曰雄曰毒冒雌曰觜觿又作[illegible]

蠏胡買切介蟲二敖旁行穴居水土

中其類不一（別作⿰魚解）出於海者亦名蠞同類者有蝤蝥其螯不毛後跪薄而闊如櫂故又名撥櫂（蝥亦作蛑）有彭螖有彭蜞有⿰虫益（說文有蛫蠏也俗有螯䗯二字按蛫即跪也蠏足曲如人之跪數則其肯兩大足如鉗者荀子曰蟹六跪而二螯說文螯亦單作數）

蠞　眐結切說具蠏下（亦作蠘）

螖　王伐切彭螖侶蠏而小（爾雅螖蠌小者蟧彭亦作窮螃）

螖　蠞

大日十九

蚶　蟳　螠　蛤

蟚蝟又作蠘

渠之切佀蝟而不可食

徐林切青蟳也㲉佀蠏㱿青海濱謂之蝤蝥

烏介切佀彭蝟可食薄㱿而小

古沓切海之介物兩㱿相合者也蛤類不一圜而巨者爲蛤梨蛤亦作⿱合虫梨亦作蜊又蛤蚧

蠆　蠙　蠯　蚌

蜥易類也凡蠆蛤蛁蚌螺蜼蟶蜃皆合介

蠆 昔刃切爾雅蠆小者蟧傳曰用蠆炭埤雅曰蠆似虵而要已下鱗盡非一曰狀似螭龍有耳有角俗言蛟蠆埤雅非蠆之正義當已爾雅爲正

蠙 步陳步玄二切書曰淮夷蠙珠暨魚孔氏曰蚌之別名也又作玭說文曰珠也

蠯 步猛步皆二切又頻彌切周官鼈人掌取互物祭祀共蠯蠃蚳杜子春曰蚌也

蚌 步項步頂二切爾雅曰蜌蠯蚌含漿說文曰蠯

陛也脩爲蠯圜爲蠇蚌蜃屬也郭璞曰江東呼狹而長者爲蠯也按蠙蠃蚌一聲之轉實一物也凡水之介物皆能蠙珠幾而蠙之蠙珠爲多故曰蠙珠珠玉之類也故蠙又作璸玭琕亦作陛蠯又作蠯蜉蜠蚌又作䱋蛢鮩蛖淮南子曰日月盛衰而螺蚌癄於下說文曰䱋蚌也又賀魮山海經曰狀如覆魮是生珠玉

蚶火含切侶蛤而扁散散文鱗甃如瓦屋俗亦謂之瓦屋也亦謂魁陸别作蚶爾雅魁陸釋曰本

蠣　⿰虫䍃　蟶　⿰虫進　⿰虫㬎　蝛

艸魁陸如海蛤圜而厚外有理从衡即蚶也

蝛虛咸切佀蚌而肉目毛

⿰虫㬎呼典切佀蛤梨而小亦作蜆

⿰虫進郎刃切蛤類陿長而盧⿱罒炎又作⿰虫普

蟶丑經切蛤類脩長如指

⿰虫䍃余招切佀蚌薄殼而大其柱最珍別作珧⿰虫兆

蠣洛制切海物厚殼者附厓而生

大日五十六

商

蠔　蚴　蠃

蠔乎刀切蠣𠂉虫相附如山俗謂之蠔山

蚴𣪊業切海物附石叢生形佀龜爪中若筭萲大者如嬰兒手亦謂龜腳荀子曰東海有紫紶楊倞曰紫紫貝也紶未詳按紫紶即蚴也郭璞江賦曰石蚴應節而揚芭注云石蚴龜形春則生筭陶隱居曰大者如手

蠃洛戈切又作螺𠂉蟲旋㱿者亦通作蠡指文旋理類蠃弁故亦謂之蠃別作腡

蝸　蝓　螄

蝸烏媧切蝸蠃同類其種不一水產之別尤多皆旋殼弇口大者如斗陸生者謂之土蝸土蠃㠯其善緣又謂陊蝸陊蠃陵蠃㠯有肉角又謂蝸牛蠡牛土蝸亦有蠃而不殼者又名虒蝓

蝓羊朱切又夷周切虒蝓也亦作蜒蚰亦呼蛞[illegible]蝓

螄霜夷切蠃之小者也

蚡　蚳　虹

蚡扶分切顧氏曰鼢也漢有田蚡

蚳直尼切又作䗖周官鼈人掌取互物祭祀共蠯蠃蚳㠯授醢人爾雅蚳蟻子杜子春曰蚳蛾子陸氏曰蚳蜉子語曰魚禁鯤鮞蟲舍蚳蝝韋昭曰螘子也可㠯爲醢說文曰蚳螘子蚳畫也讀若祁畫黽也蟁籒文按鼈人共互物凡貍物則蚳必水物龜鼈之類蚳非螘子里革言鯤鮞蚳蝝佀爲蟲負子育之通名非專言蛾子也

虹戶工切說文曰螮蝀也狀佀蟲蚺籒文从申申電也又音貢

螮　蝀

漢沛郡有虹縣螮都計切又作蝃蝀都貢切詩云蝃蝀在東莫之敢指月令季萅虹始見孟冬虹藏不見淮南子曰天二氣則成虹虹淫氣也郭璞曰虹蜺雙出色鮮盛者爲雄雄曰虹闇者爲雌雄曰蜺一曰亦白謂之虹青白謂之霓蔡邕曰虹常依侌云而出於日衡無云不見大侌亦不見常已日西見東方霓則常已闇濁見於日旁白而直者曰白虹三旹常有之惟虹季萅見至冬乃藏按虹生於雨與日徵雨偏零遇斜日孜之雨气

規日成虹朝雨而日東射則虹見亏西莫
雨而日西射則虹見亏東雨气青而日气
赤所謂虹也向日潠水側眂則亦有青赤
暈成虹惟自春莫至秋雨气行云會不偏
日光斜照故有虹冬雨無夏日光故無虹
越人謂虹爲鱟且言其下㱃澗谷漢燕王
旦傳天雨虹下屬宮中㱃井水杜子美詩

蠢

亦曰江虹明遠歙虹與螮蝀字皆从蟲豈亦呂此卵若白虹則白氣之侶虹者也虹霓非一物孟子曰若大旱之望雲霓楚辭曰帥雲霓而來御雲霓𣏟言雖未知果爲何物其非虹亦明矣楚辭曰處雌霓之櫻顛建雄虹之采掩蓋假設言之鄭氏雌雄之說由此而生也

大日五十二

蠢尺尹切蟲豖生蝡動蠢蠢也又作𢧐惷說文曰惷

云

蜒　蟺　蚴　蟜

亂也引春秋傳王室曰憃憃焉引之爲蠢動無知之義

蜒夷然切龍虵之長夗延也

蟺旹連切夗蟺長而夗曲也

蚴於九切又渠幽切蚴丩蟲虵曲相丩也蚴亦作⿰虫幽丩亦作蚪蚪亦作蟉說文曰龍子有角者按古今不聞有吕龍爲蚪者俗有虬文

蟜居夭切夭蟜卷尾彊曲也鄭公孫蠆字

子蟜黽尾蟜曲也

𧈧　蟠　蛻　螴　蜳

𧈧丑善切說文曰蟲曳行也侗謂𧈧蟲行申也又弓彀

蟠蒲官切龍虵之屬盤臥也又附袁切鼠負也爾雅曰蟠鼠負詩云伊威在室毛公曰委黍也郭氏曰鼠婦也

蛻吐外切又輸芮切蟲稅皮殼也

螴止忍切蜳主尹切螴蜳蟲行皃莊周曰螴蜳不㝵成司馬氏曰讀若沖融悕畏之乞此說不然

蟄　蚹　螫　蠚　蜇

蟄直立切虵蟲伏藏也

蚹符遇切虵腹下齟齬也莊周曰虵蚹蜩翼

螫施石切蟲行毒也

蠚呼各切螫也漢書曰蝮蠚手則斬手類篇又施隻切蠚螫佀一字又作𧖥

蜇陟削切蟲毒辛螫也削子曰蜇於口

蝕　蛀　䘍　⿱雋䖵　蠻　閩

[篆]乘力切蟲侵食肉敗也

[篆]朱戍切蟲鑽蠹也

[篆]尼質切蟲食病也一曰⿱匕䖵蟲

[篆]子兗切說文作⿱雋䖵蟲食也

[篆]模還切南夷通名

[篆]母巾切東南越也於今為福建路說文曰蠻南蠻虵種閩東南越虵種非也說具狄下

蠻 虺

小六十九

蠻蕩旱切蠻舟居者

蟲之疑

虺許偉切詩云維虺維虵又曰胡爲虺蜴

吳語曰爲虺弗摧爲虵將若何爾雅蝮虺詳見蝮下

說文曰虫蝮也虺㠯注鳴者从虫兀聲徐鉉曰兀非聲未詳按說文㠯虫爲蝮故㠯虺爲注鳴者疑說文所謂蝮者當作虫象蝮之大頭細頸不當㠯虫爲虺詩云

虺虺其靁嘐毋切偕㠯狀雷聲又偕爲虺

它　䵶

隤之虺詩云我馬虺隤呼回切㾦瘁皃也

它託何切說文虫也从虫而長象冤曲𡲾尾形上古艸居患它故相問無它乎凡它之屬皆从它孫氏湯何切

䵶音同說文曰水蟲佀蜥易而長大郭璞曰䵶佀蜥易而大長丈餘卵如鵞卵甲如鎧甲其皮堅厚可冒鼓晉安海物記曰䵶宵鳴如桴江淮閒謂之䵶叟㠯其夜鳴也按它䵶疑實一字說文㠯它爲虵謂象虵之宛曲觀其文𢇍不類虵而黽則从它龜鼈鼉䵶類也皆从黽故知它卽爲䵶說文負部又有⿱單負字負名也皮可爲鼓亦䵶之衍文也書傳多借它佗爲他按他與佗二字之用不可合說具人部

大五十九　六

鼀	黽

它之象形

黽莫杏切鼀黽也爾雅曰鼃䵷蟾諸在水者黽釋曰黽一名耿黽一名土鴨狀佀青蛙而腰大爲異陶隱居曰大而青脊者俗名土鴨其鳴甚壯郎黽也說文曰鼀黽也从它象形黽頭與它頭同徐鉉曰象其腰也黽籒文

僣爲黽勉之黽眉隕切陸氏曰本亦作僶

黽之[illegible]

鼀烏瓜切蟇類詹鳴說文曰蝦蟇也顏師古曰佀蝦蟇而

鼀　鼈　黿　鼇

長腳色青陶隱居曰一種小形而善鳴者爲鼀黽別作蛙亦通爲淫

鼀之鼀

鼀七宿切又雌由切說文曰詹諸也其鳴詹諸其皮鼀鼀其行圥圥或作䵷

鼈必削切別作⿱敝貝

黿愚袁切佀鼈而楕長大者幾丈別作黿

鼇五牢切說文曰海大鼈也

⿱毒黽　⿱冒黽　鼆　鼂

⿱毒黽徒耐切⿱冒黽莫代切⿱毒黽⿱冒黽海中介物似龜而甲有黳班文令人㠯爲器物首飾古單作毒冒别作蝳蝐瑇瑁

鼆母耿切類篇曰蟲名愽雅曰冥也左氏傳一人門亏句鼆疑即黽字

黽之疑

鼂直遙切說文曰匽鼂也揚雄說匽鼂蟲名杜林㠯爲朝旦非是从

旦讀若翰鼂篆文从皀徐鉉曰今俗作皀林罕曰从皀篆文省作鼂揚雄㠯爲蟲杜林㠯爲翰夕之翰非也

龜

龜古文龜居追切又居求切爾雅曰一曰神龜二曰靈龜三曰攝龜三曰寶龜五曰文龜六曰筮龜七曰山龜八曰澤龜九曰水龜十曰火龜攝祛涉切攝龜之小者腹甲曲折可㠯翕張遇虵則翕甲縮頭攝而食之說文曰从它龜頭與它頭同天地之性廣肩無雄龜鼈之類㠯它爲雄按說文㠯它爲虵龜鼈皆有雌雄野人目擊其尾接龜乃有能食虵者其頭不與虵同許氏之說蓋傳譌也

魚　魰　鰖

魚語居切象形

魚之會意

魰語居切取魚也別作漁瀫𢿐魰說文瀫捕魚也篆文作漁篽禁苑也或作魰魚𣪍按吕又从魚捕取之義也魚固在水从水从魚無捕取義

魚之龤聲

鰖秃火切又愈水切說文曰魚子已生者也徐鍇曰謂已撒泊艸渚者也鰖籒文

鯤　鮞　鯉

鯤古魂切魯語曰魚禁鯤鮞鳥翼鷇卵蕃庶物也爾雅曰鯤魚子莊周之言無稽不采

鮞人伊切韋昭曰魚未成也呂氏春秋曰魚之美者有東海之鮞

鯉兩矣切頳鯉也挾脊至尾每鱗皆有小黑點爾雅釋魚鰋鯉與鱣二魚偶無貳名毛公說文誤謂爾雅㠯鱣釋鯉遂合鱣鯉爲一物大抵毛公與說文專祖爾雅爾雅固不可盡信而此則又讀爾雅之誤也說文曰鯉一名⿰魚婁洛侯切一名鰜古甜切穿山甲一名陵鯉巨鱗似鯉而生於陵故

鮁　鯽　魴

謂之陵鯉俗作鯪鯉又名鱗鯉非也

鮁筏注切易曰井谷射鮁少牢禮魚用鮁十有五而俎廣雅曰鰿也

鯽津易切魚侶鯿凡陂池下澤皆產之魚之美而可常是者也別作⿰魚脊鰿

魴浮長切詩云魴魚赬尾又曰豈其食魚必河之魴別作鰟陸璣曰今伊洛濟潁開魚也廣而薄細鱗少力而肥曰

鯿　鱮　鰱　鱧

魚之美者梁水魴尤美故其鄉語曰居就糧梁水魴爾雅疏曰江東謂魴爲鯿

鯿賓延切魚廣腹縮頸腹腴別作鯾

鱮夕輿切鄭氏曰佀魴而弱鱗陸璣曰佀魴厚而頭大魚之不美者故俚語曰网魚㝵鱮不如啖茹其頭九大而肥者徐州人謂之鰱或謂之鱅幽州或謂之鴞鷂或謂之胡鱅埤雅曰今吳越呼鱅鰱按浙人今呼松鰱

鰱力延切鱮也

鱧連弟切魚之摯者鱗毀駮皆必又各有

鮦　鱣

竅如七星雌雄相隨㲉子啖食衆魚又作

鱺說文鱺鮦也鱧鱯也分鱺鱧爲二物

鮦徒紅切又篆蛹切鱧也爾雅曰鰹大鮦小者鮵疏曰郎鱧也又作鱷

鱣陟連切今江河中黃魚也短鼻豐肉大者千餘斤陸璣曰鱣出江海三月中从河下來上形佀龍銳頭口在頷下背上腹下皆有甲从廣三五尺大者千餘斤可烝爲臛亦爲鮓子可爲醬郭璞曰佀

⿰魚朁　鮪

鱣而短鼻口在頷下有邪行甲無鱗長二三丈

⿰魚朁佀侵切鱣類長鼻背有耎骨俗謂之玉版今江上㠯⿰魚朁與黄合而爲鮀也亦作鱏

鱘又音淫

鮪亐鬼切周官䱷獻王鮪陸璣曰鮪佀鱣而青黑頭小而尖佀鐵兜鍪口亦在頷下其甲可㠯摩薑大者不過七八尺大者爲王鮪小者爲叔鮪一名鮥肉白味不隶鱣今東萊遼東謂之尉魚

大九十一

鮥　鱒　鯇　鱄

鮥盧各切說文曰叔鮪也

鱒徂本切詩云九罭之魚鱒魴說文曰赤目魚陸氏曰似鱓而鱗細眼赤

鯇戶管切又古本切鯶又古魂切郭氏曰鯇即鱓也似鱒而大本艸云鯇似鯉生江湖間膽至苦主喉閉按令溪潭中有軍魚赤目鰭鬣皆赬

鱄朱玄切士喪禮鱄鮒九說文曰魚也徐鍇曰赤目魚也

鱖　鮀　鮧　鮎

鱖　俱銳切，魚之㩻者，決吻，鋸齒，箴鬣，斑豹文，雌雄牝子，喙食諸魚。魚之笑者。

鮀　徒何切。說文曰：鮎也。从氏傳：祝鮀字子魚。爾雅稱鯊鮀。說者遂誤已鮀爲鯊。

鮧　延知切，又杜兮切。又作鮷。說文曰：大鮎也。亦作鯷。漢會稽海外有東鯷。孟康音題。晉灼音鞮。

鮎　季兼切。魚無鱗，哆口，豕頰，長須，多次江

鮏　鮠

東謂之鮧其大者謂之吳言其哆口也後人不察憂夾鱯文圖經曰口腹俱大者名鱯背青口小者名鮎背黃腹白者名鮠

鮏什悲切爾雅曰鮏大鱯小者鮡䟽曰鱯佀鮎而大白色又曰鮂鮏說文鮏大鱯也鱧鱯也又⿰魚果鱧鱧也孫氏曰鱯胡𠃊切⿰魚果胡瓦切鱯⿰魚果特一字

鮠吾回切魚佀鮎而口小皮黃亦有斑者本艸曰鮠佀鮎色黃而美秦人呼爲賴魚按此魚甌人謂之黃顙魚

鰋　鰻　鱺

鰋依遠切又作[魚晏]詩云魚麗于罶鰋鯉又曰鰷鱨鰋鯉毛氏鄭氏曰鮎也說文曰鮀也鮀鮎也郭景純曰今偃額白魚也按爾雅鯉鱣鰋鮎鯊鮀名曰六物而讀者以鱣釋鯉鮎釋鰋鮀釋鯊毛氏說文皆蹈此誤而說文又并以鮀為鮎也

鰻謨官切魚無鱗而博長腹白決吻如虵

別作[魚滿]

大八十三

鱺里之切鰻也

鱓 鱨 鱀 鱁

鱓石遷切佀鰻而無鬐穴土水呂居淮南子曰鱓佀虵又佗鱔䱇說文鱓魚名皮可爲鼓說見它下

鱨䜴彊切毛氏曰揚也陸璣曰一名黃揚今黃頰魚是也身形厚而長大頰骨正黃有力能飛

鱀巨至切爾雅鱀是鱁釋曰鱀屬也體佀鱏尾如鮂大腹小喙銳而長齒羅生上下相銜鼻在額上能佗聲少肉多膏健啖細魚大者丈餘江中多有之

鱁仲六切爾雅曰鱀是鱁釋曰體佀鱏尾如鮂又鱁鮧史載宋明帝耆蜜

鰌　鰷　鯈

瀆鱁鮧一含數外一曰鹽藏魚腸也本艸曰鱁鮧魚鰾也此說爲是

鰌七由切小魚生下田淺濘中與鱓同游畜鱓者必置鰌焉說文鰌鰼也鰼似入切鰌也別作鰍海有鰍魚

鰷徒聊切毛公曰白鰷也今俗猶呼白鯈

鯈陳留切荀子曰鯈⿰魚本者浮昜之魚也楊倞曰魚名今字書無⿰魚本字莊子曰鯈魚出游从容李氏曰音山白魚也徐氏音條郭璞曰白鯈也類篇合鰷鯈爲一非也

鯫　　鰦

佐、十九

鯫收矦切說文曰白魚也史記漢王曰鯫生說我拒關服虔曰七垢切司馬貞曰小魚也按鯫吕取爲鷇服音鮐是鯫蓋浮昜小魚也故庸淺者謂之鯫生

鰦莊持切或作鯔爾雅鮂黑鰦郭景純曰鮂白鯈也江東呼爲鮂魚按今生鹹淡水中者長不過尺摶身椎首而肥俗謂之鰦海亦有之又有子魚與之絕

鱝　　鰨

相類閩人鹽藏㠯爲包且之珍

鱝在禮切爾雅鱝鱵刀鄭景純曰今之鱝魚也亦呼刀魚說文曰鱝刀魚也歠而不食或作鮆按鱝魚生江河鹹淡水中者則上側薄類刀其大者曰母鱝空膾

鰨他盍切薄魚㒓土而行者今謂之鰨鰻說文曰虛鰨也相如賦曰禺禺魼鰨史記作魶鄭景純魶鯢魚也似鮎三足聲如嬰兒說文曰魶似鼈無甲有尾無足口在腹下奴荅切

大、廿一

鰈

鰈亦接切爾雅曰東方有比目魚焉不比不行其名爲鰈釋曰佀半脺細鱗紫色一眼兩片相合比目而後行一名比目郭氏曰江東又謂之王餘按海中比目魚狀佀半脺細鱗扁行其昜則紫黑色兩目聚焉其侌則白人見其若牉也遂㠯比目命之鰨鰈同類故鰈亦託盍切又達劦切

鯢

鯢擬兮切傳曰古者朙王伐不敬取其鯨

鯢而封之杜元凱曰鯨鯢大魚莊周曰尋常之溝巨魚無所還其體而鯢鰌爲之制又曰趣灌瀆守鯢鮒呂氏春秋曰鮒入而鯢居高誘曰鮒小而鯢大鯢魚之賊也以春秋傳則鯢爲大魚以莊氏則鯢爲小魚說文曰鯢刺魚爾雅曰鯢大者謂之鰕釋曰雌鯨也大者長八九尺

鯨

大、卅一

鯨渠京切亦作鱷說文曰海大魚也賈誼賦曰橫江湖之鱣鯨臣瓚曰鯨大者長數里又見鯢下一曰雄曰鯨雌曰鯢常

已五月生子於斥八月道已還海鼓浪成雷噴沫成雨水夫畏之

鯊

鯊所加切詩云魚麗于罶鱨鯊陸氏曰魚狹而小常張口吹沙郭氏亦曰吹沙小魚也按鯊生淡水中者鱗闊有黑點文夾沙而游噞喁輒吹沙俗名吹沙小魚也海中所産已其皮如沙而得名哆口無鱗胎生其類尢多大者伐之盈舟說文魦出樂浪潘國沙省聲

鮫　鱸　鮻　䱕　鮸

鮫加肴切海魚鯊類其皮麤錯堅厚可飾刀室

鱸洛乎切巨口細鱗海鱸大者三五尺其肉毳者九珍美

鮻子公切說文曰石首魚也其首有石

䱕謨杯切佀鮻而小首亦有石

鮸美尹切海魚佀鱸而肉粗說文曰魚出薉邪頭國亦

魟　鱅　鰅

作鰲

魟呼工切海魚無鱗狀如蝙蝠大者如車輪類篇曰魚佀鼈又曰白魟魚名胡公切又作𩶛與邵昜魚相類不鱗

鱅餘封切又作鰫說文分二字皆魚名相如賦曰鰅鰫鱮魠郭景純曰佀鰱而黑按今海魚肉如蟲謂之鱅

鰅元鍾切說文曰魚皮有文出樂浪東暆余切文神雀三季捕輸考工徐廣曰音娛

魠　鱷　鮐　鯸　鮧

魠他各切說文曰哆口魚也

鱷五各切海魚之摯毒者說文作蝷佀蜥易長一丈水潛吞人即浮出曰南又作鰐

鮐田咍切史記曰鮐鮆千斤說文曰海魚也

鯸乎鉤切說文曰魚名鮧盈之切亦作鮧博雅曰

[illegible]也背青䙲腹白觸物即䐜怒其

[illegible]謂之鯢又謂烏狼亦謂探魚其

⿰魚規 ⿰魚狄 ⿰魚亙 鯍 鰥

黄者謂之黄䰳尤毒生淡水者謂之河豚

⿰魚規 均規切說見鯸鮐下

⿰魚狄 亭歷切海魚頰肉毳美

⿰魚亙 古登切鯍式登切 說文曰⿰魚亙鯍也鯍或作鱛

⿰魚罤 古頑切詩云其魚魴鰥 李陽冰曰當从罤省殸別作瞏 鱞毛氏曰大魚也鄭氏曰魚子也孔叢子曰衛人釣旻鰥魚焉其大盈車按詩稱魴鰥魴鱮鰥魴鱮三魚之名魚子乃鯤也鄭氏益誤 偕爲鰥寡之鰥

老而無妻曰鰥

⿰魚役

⿰魚役營隻切負類鮎而三足類篇曰負有四足如龜而行浜按如龜之說未然里中數人屢嘗獻此目擊其狀乃類鮎郡城中嘗因大水獲此巳爲蛟龍爲召巫祝禳而送之江别作鰔本艸鯢負生山谿佀鮎三腳長尾一名人負即此物也

鯧

鯧齒揚切海負佀鯿纖鱗少骨甚肥目赤作鯧

鮔　鰻　鰂

鮔洪孤切又去聲魚侶鯿而大生江海中三四月大上肥美而多骨江南珍之㠯其出有旹又謂旹魚魚㠯旹出故名旹魚者不特此別作鰣鯠非

鰻彌官切又房六切石決明也肉侶蠃肉漢書王莽亶歓酒啗鰻魚說文曰海魚名

鰂昨則切烏鰂也形如革橐口在腹下足生口旁兩須如纜又名纜魚腹有墨又名

鮀　䰾　鯆　鯚

鰦 𩵋

鮀 助駕切　又作蛇　海物水母也

䰾 許倸切　海介物如㬪缶而有骨尾口足皆在下牝牡常竝行

鯆 湯模切　又作鱄鯚類篇皆曰江豚也　又作䱐令大江中有江豚狀如豚鼻中有𣪠群浮則風雨

鯚 士限切　海魚也　小者決吻芒齒不鱗而

鯯 鯙 鮰 鰕

弱亦作鯵鰯

鯯子側切又子賊切海魚佀鯿而小肥美

鯙竹角切溪澗之中卓魚

鮰戶恢切鮰魚不鱗狀佀蚘生大江中

鰕呼加切水蟲可食者溪澤江海皆有之其類不一小者不盈寸巨者須長數尺爾雅曰鯢大者謂之鰕注曰佀鮎三足冄佀猴後佀狗又曰聲如小兒啼大者八九尺疏

曰雌鯨也鰝大鰕魵鰕䟽曰鰕之大者長二三丈須長數尺說文曰鰕魵也按爾雅所謂鯢大者鰕疑自爲魚名非今所謂鰕也

鰓

鰓蘇來切魚頰恩也古通作恩

鱗

鱗犂神切魚鱗甲也

鰭

鰭渠伊切魚脊上鬣也通作鬐士喪禮載魚進鬐記曰進濡魚者尻又腴夏又鰭

鰾

鰾婢小切魚膘也可鬻爲膠

鮮　鯖　鮏　鮨

鮮息肩切魚初出水新鮮也羴省聲說文曰魚名出貉國引之則鳥獸之新殺者皆曰鮮亦作鱻周禮凡魚鱻亯之物㠯共王之膳俗爲鮮少之鮮上聲俗合是少昰少爲尟尟者說文尟是少也俱存也

鯖諸盈切類篇曰鬻魚煮肉曰鯖

鮏側乞切魚醢之大臠者也别作鯚

鮨烝夷切公食大夫禮牛胾醢牛鮨爾雅魚謂

鯁　鮭　鱐　䲧

之鮨肉謂之醢郭景純曰鮨屬也說文曰魚胳醬也出蜀中一曰鮪魚名

鯁椇杏切魚骨介人喉也亦作骾

鮭烏瓜切吴人通謂魚菜曰鮭菜

鱐思留切乾魚也一曰析乾爲鱐周禮曰夏行腒鱐別作䐹

䲧苦告切浥魚也周官鱻薧作薧康成曰乾也陸氏苦老切亦作槁按䲧俗書

鮿　鮝　鮑

鮿陟涉切，膄魚不鹽也。

鮝寫兩切，鹵魚也。越人以大者爲鮝，細者爲鰝。

鮑薄巧步豹二切，浥魚也。以鹽浥而暴藏之，今謂之鮝。周官朝事之籩，其實膴鮑。史記曰：「鮿鮑千鈞。」康成曰：鮑者，於煏室中糗乾之。說文唐本曰瘞魚也，徐本曰饐魚也。顧野王曰漬魚也。今謂浥魚。按鄭氏所謂糗乾者，鱐也。海魚最夥，惟

鮌 貝 賏

浥藏能久史記所謂鮿鮑千鈞者此物也其臭貴腥故大戴禮荀子有蘭鮑之說而始皇之死後車皆載鮑魚以亂其臭

鮌 古本切說文曰魚也亦作鯀

貝 補昧切海介物也象形篆文作貝古者貨貝以貝爲貨故凡貨財之屬皆从貝

貝之會意

大司十三

賏 烏莖切又一盈切聯小貝以爲飾也別作

嬰 含桃，狀如賏，故亦謂之賏桃。別作櫻。賏奠狀如賏，故謂之賏奠。別作蘡。

贔 亐祕切。說文無此。孫愐曰：贔屓，[illegible]習壯士作力也。三貝爲作力，無義。方氏曰：贔屓爲用力皃，贔𡡜爲壯大皃。亦不知其所據。要知此二字皆可廢。

𧴪 断果切。小貝也。引之則爲𧴪細、𧴪屑。別作瑣。說文曰：𧴪，貝聲。瑣，玉聲。玉猶有聲，貝何聲之有？

員 亐專切。錢也。太公始鑄金爲員，㠯作貟

貫
貨

外圜内方故其文从口从貝今謂之錢也
貝㠯朋數錢㠯員數木㠯朱數條㠯枚數
故員爲數名說文曰物數也又亐分切楚伍員字
胥
貫古玩切穿錢貝也今㠯千錢爲一貫
貨呼臥切貨之爲言𠤎也所㠯𠤎與有無
也古單作化𠤎旨之始用貝故从貝亦龤聲

㝵 貳

凡錢貝金玉便於貿易者皆曰貝亦作貨

㝵當則切貝在手㝵之義也說文曰取也从見从寸寸度之亦手也又作得說文行有所㝵也从彳古文作㝵

貳而至切說文曰副益也侗謂儲㠯代匱之謂貳周官大祭三貳中祭再貳小祭一貳傳曰君異於器器貳不匱引之則有貳心者亦曰貳

財 賄 資

貝之諧聲

財自來切財之爲言才也凡㮚米絲麻才木可用者曰財

賄虎猥切貨財也凡金玉珠璣良兵良器之室於居藏者曰賄別作[illegible]

資津司切生養所取給也別作貲貲又即移切按漢人多言貲產亦多作訾葢本於訾算其多寡詳見訾下古無貲字貲財之貲止當作資

大日六十五

貢　賦

小四十九

貢古弄切別作贛賦方希切自下輸之上曰貢自上取諸下曰賦古之王者任土形民而制其貨財力役之征先旹而授數使民各有常貢是之謂賦周禮曰㠯九賦斂財賄㠯九貢致邦國之用引之則爲賦命賦政凡賦者各徵其實故詩之六義賦事之實者謂之賦

賈　販

賈公戶切販方萬切坐肆居賣之謂賈行儈買賣之謂販通曰商賈賤之直曰賈公諍切周官司市㠯量度成賈賈師辨其物而均平之展其成而奠其賈凡天患禁貴賣者使有恆賈國之珍異亦如之漢書曰其賈酢一金俗作價又公雅切古國名因㠯爲姓氏

貿

貿門豆切交易也古通作楙書云楙與有無㠯居因之爲貿亂貿瞀貿貿漢會稽有貿縣別作鄮

買

買莫解切市物也凡市持錢貝㠯貿物曰買㝵直而粥之曰賣

買之會意

賣

賣莫隘切說具買下

貴

貴矩位切賤自見切物賈之卬爲貴下爲賤引而申之貴賤之名無所不通

賤

贏

贏夷嬰切賈獲利多也徐鉉曰贏省聲贏餘羨同聲義亦相近

頼

頼洛介切亦作賴說文曰贏也利賴同聲利人所恃㠯養也故引之爲恃賴之義

賢

賢由堅切貝多於人也記曰某賢於某

大、八十四

賸 贍

若干純又曰𢿠其牲之賢者於宗子引之則悳行道䢃踰人者謂之賢又形甸切車大穿也

賸㠯證而證二切用餘也說文曰物相增加也一曰送也副也旾秋傳鄭罕達字子賸賸羨𣪊義相近

贍旹豔切給足也通作澹漢書曰㠯澹一隅

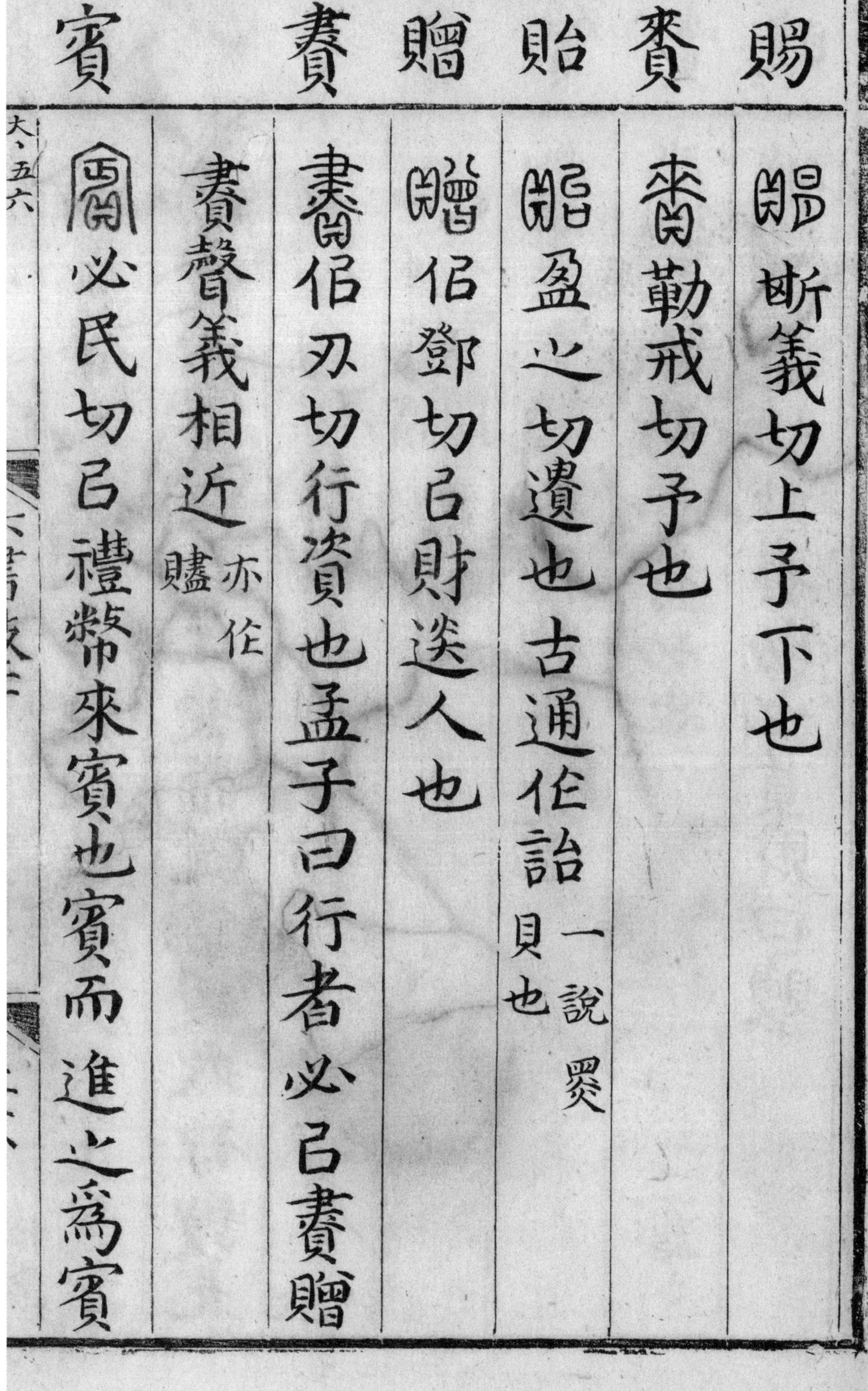

賜　賚　貽　贈　賮　賓

大、五六

賜斯義切上予下也

賚勤戒切予也

貽盈之切遺也古通作詒一說罽貝也

贈佀鄧切目財送人也

賮佀刄切行資也孟子曰行者必目賮贈

賮聲義相近亦作贐

賓必民切目禮幣來賓也賓而進之爲賓

賀　賞　賻

佐二三

相右聲天子九賓宗伯爲上賓嗇夫爲下賓書云賓稱弄圭兼幣漢儀曰大行謏九賓臚句傳引其義則賓而外之爲賓庴後人加手爲擯別作儐說文曰賔古文

賀戹个切㠯禮物弄慶也

賞式掌切賚有功也

賻符遇切致襚助也貣財曰賻

賵　貯　費　賖

賵 撫鳳切致襚助也車馬曰賵別作⿵几貝

貯 竹慮切居財也積貯聲相鄰史記通作著

費 芳味切用財也又冰角切魯邑名別作鄪⿰弗阝又扶沸切楚有費氏

賖 式遮切縣買未償直曰賖俗因㠯遲緩爲賖

貰　貸

佐七字

貰詩制切貰賒同聲其義一也因之爲寬

貰

貸他代切假貸也無息爲賒有息爲貸周官凡賒者祭祀無過旬日喪紀無過三月凡民之貸者㠯國服爲之息傳曰陳氏㠯家量貸而㠯公量收之因之爲寬貸亦作

貣漢書曰旦莫乞貣蠻夷又曰匃貣無節

質

文他㝵切差也與忒通記曰毋有差貸說文貸施也貣从人求物也

質之日切貸賒㠯物質當也質必有物故爲質實之義質疑質獄皆實之也故爲文質之義又因之爲椹質之質別作鑕所質爲質陟利切傳曰周鄭交質王子狐爲質於鄭鄭公子忽爲質於周亦作贄見於人者

贅

佐四十八

必有所執也通作摯

贅之芮切說文作贅㠯物質錢也从敖敖者猶放敖貝當复取之也按敖乃敫之譌類篇云贅古文縣質也贅者縣屬於他故壻於女家者謂之贅壻縣肉著體者謂之肬贅爻於辭者謂之贅辭公羊傳曰若贅旒貼漢書賜民米帛者縣鄉卽賜無贅聚謂縣遠聚合之也

貼

賡

貸

贖

貼他劦切　附益也　說文新附曰吕物爲質也

賡古行切　荅償也　通作庚　記曰季子皋葬其妻犯人之禾申祥請庚之　鄭氏曰賡償也　歌之義取此

貸女沁切　庸取直也

贖神濆切　吕貨反質也　因之爲贖刑之義　内金吕贖罪也

貶　貧　貪　賣　賂

貶 悲儉切減損也

貧 蒲賓切不贍也別作穷或曰同田爲富分貝爲貧惟分故貧此曲說也富初不从同與田

貪 他含切欲貝也

賣 述谷切瀆貝也說文曰衙也𧶠古文睦讀若育按衙粥之粥僭用粥字

賂 勒故切吕貝屬予也徐鉉曰當从路省聲

賕

賕巨牛切說文曰吕財枉法相謝一曰戴質也

負

負房久切倍所貸賒不償也說文曰恃也从人守貝有所恃也一曰受貸不償按从人無義葢久聲因之為負何之負

責

責則革切誅貣也傳曰宋多責賂於鄭因之為詰責誅責別作債讀又側介切逋貣未償曰責周禮曰聽稱責吕傅別記曰與其有

賛

諸責也盜有己怨傳曰梔舍己責漢書曰折劵弃責俗作債

贊則旰切相進負幣也周官冢宰贊玉幣玉獻玉几玉爵聘禮曰賔覿奉束錦緫乘馬二人贊又曰上介奉幣丽皮二人贊凡負幣之屬非一人可舉者必有贊說文曰見也从貝从兟徐鉉曰兟音詵䢋贊而進有司贊相之按贊無見義當㠯兟爲聲作兟者兟

之譌與贊聲亦不劦引之則凡相助皆曰贊書曰益贊于禹易曰幽贊於神明贊禮之贊別作禶贊辭之贊別作讚㚘非

購　賧　賭　貤

購古豆切縣財㠯募所求也

賧达感切又去聲市先入直也又作賧达檢切

賭當古切愽塞也

貤㠯豉切移與也說文曰重次弟物也類篇曰移也漢書

賺　賫　賨　贗

民賣斂者無所流貤相如賦曰貤丠陵下平原師古曰延也說文又有䞈字迻予也孫氏彼義切

賺佇臽切買賣誤讎直多少不當也

齎牋西切行所持資也說文曰持遺也別作賫俗爲

賫咨之賫悲歎聲也

賨徂紅切說文曰南蠻賦也

贗魚澗切僞也

巳

（篆）許里切虵也象形於十二辰虵爲巳之物故因㠯爲辰巳之巳猶豕之爲亥也虵巳葢同聲李陽冰曰俗爲巳止之巳

巴

（篆）伯加切說文曰蟲也或曰吞象大虵也象形疑从巳

蠆

（篆）丑介切蟲生牆壁閒長尾尾有毒能螫人象形令人謂之蠍通俗文曰長尾爲蠆短尾爲蠍引佀蠆蠆蠇說文蠆蠆也蚔蠆也

蠆毒蟲也

萬

[篆][篆]無販切說文曰蟲也按禮有螜鷃蜩范又曰范則冠而蟬有緌康成曰范蠭也豈即此邪按令用此爲數名十千曰萬又爲萬舞之萬[篆]伯曰此萬舞也象其手舞足蹈僣爲千萬之萬俗有万字

丁

•丨个當經切蠭蠆之毒也象形凡造器用必㠯金木爲丁附著之其狀類蠭蠆之丁故亦謂之丁令俗作釘丁之之謂丁去聲別作靪玎丁當

同聲故因有當義詩云盜丁我船僭爲十曰
丙丁之丁又𠧪耕切說見錚下

孫奎謹校

六書故弟二十

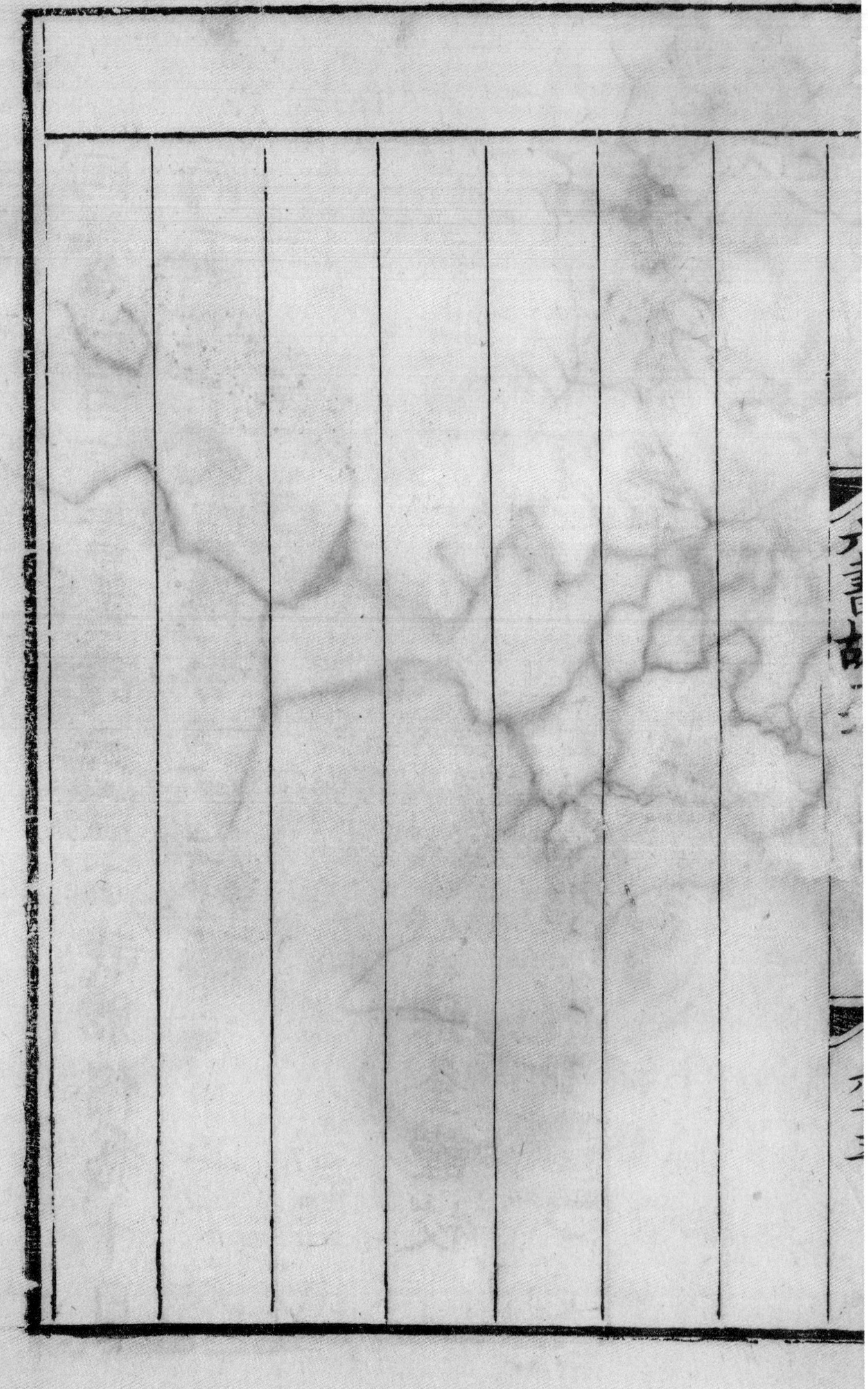